信息化环境下高职院校教师信息化教学探索

田晓艳　著

北京工业大学出版社

图书在版编目（CIP）数据

信息化环境下高职院校教师信息化教学探索 ／ 田晓艳著 . — 北京：北京工业大学出版社，（2025.10重印）
ISBN 978-7-5639-6337-9

Ⅰ . ①信… Ⅱ . ①田… Ⅲ . ①高等职业教育—计算机辅助教学—教学研究 Ⅳ . ① G434

中国版本图书馆 CIP 数据核字（2018）第 154407 号

信息化环境下高职院校教师信息化教学探索

著　　者：田晓艳
责任编辑：张　娇
封面设计：点墨轩阁
出版发行：北京工业大学出版社
　　　　　（北京市朝阳区平乐园 100 号　邮编：100124）
　　　　　010-67391722（传真）　bgdcbs@sina.com
经销单位：全国各地新华书店
承印单位：三河市元兴印务有限公司
开　　本：787 毫米 ×960 毫米　1/16
印　　张：10.75
字　　数：210 千字
版　　次：2021 年 10 月第 1 版
印　　次：2025 年 10 月第 3 次印刷
标准书号：ISBN 978-7-5639-6337-9
定　　价：35.00 元

前 言

当今世界，由于无线网络快速发展和普及，手持式移动设备和便携式计算机的使用也日益普及，信息化已经渗透到各行各业，而高职教育信息化也成为教育领域普遍关注的话题，翻转课堂、慕课、微课等日益盛行，手机、平板电脑等终端的应用也将高职教育信息化的发展推上一个新台阶。但是，面对日益激烈的国际竞争和经济发展方式转变的迫切要求，高素质技术技能人才的严重短缺仍然是我国经济社会发展的重大瓶颈，滞后发展的高职教育绝不是人们满意的教育，而高职教师的信息化教学能力也是信息化发展和改革的重要方面。

在信息化大潮的驱动下，高职教育领域的信息化进程势如破竹。高职教师的信息化水平已经成为影响高职教育教学质量以及教师自身专业化水平的最重要因素。《国家中长期教育改革和发展规划纲要（2010—2020 年）》将强化信息技术应用作为顺利完成纲要的保障措施之一，强调提高教师的信息技术应用水平，改进教学方法，提高教学效果。《国家高校教师教育技术能力指南（试用版）》进一步明确了加强高职教育信息化水平的要求。教育部发布的《教育信息化"十三五"规划》提出，到 2020 年，基本建成"人人皆学、处处能学、时时可学"的教育信息化体系，显著增强教师的信息化意识和信息技术应用能力。高职院校承担着为经济社会发展输送高技术技能型实用人才的重任，而教师整体素质与能力的高低是衡量人才培养质量的重要杠杆。在当前信息化环境下，高职教师的信息化应用水平在一定程度上制约着培养具有信息化视野的人才的教育目标的实现。高职教师应主动顺应信息化时代教育教学改革趋势，努力培养并提升信息化教学能力。

本书共八章。第一章主要阐述了信息化教学内涵、信息化教学的产生与发展、高职院校信息化教学的理论基础以及高职教师的信息化教学能力等内容；第二章主要阐述了高职院校教师信息化教学现状、高职院校教学管理信息化现状、高职院校学生信息化学习现状以及高职院校信息化教学的意义等内容；第三章主要阐述了高职教师能力标准设定的一般特点、高职教师能力标准的内涵与目标取向、高职教师能力标准的构建以及"双师"素质视角下的高职教师能力标准体系架构等内容；第四章主要阐述了高职信息化教学媒体、高职信息化教学环境以及高职信息化教学资源等内容；第五章主要阐述了信息化教学模式、高职信息化教学模式存在的问题、高职信息化教学模式与传统教学模式比较、大数据环境下高职信息化教学模式研究以及高职信息化教学的典型模式与案例等内容；第六章主要阐述了高职教师信息化教学能力培养的现实意义、"互联网+"时代下高职教师信息化教学能力提升研究、高职教师信息化教学能力培养策略以及信息化环境下高职课程信息化教学路径分析等内容；第七章主要阐述了信息化教学设计、高职教师信息化教学设计存在的问题、高职信息化教学设计方法和过程以及高职信息化教学设计评价等内容；第八章主要阐述了多维立体教学法、MI-WebQuest 教学法以及多维交互式项目驱动教学法等内容。

为了保证内容的丰富性与研究的多样性，作者在撰写本书过程中参阅了很多高职院校教师关于信息化教学能力提升研究等方面的相关资料，在此对他们表示衷心的感谢。

最后，由于作者水平有限，加之时间仓促，书中难免有疏漏和不妥之处，恳请读者批评指正。

目 录

第一章　高职院校信息化教学概述

目前，信息化教育的发展正进入一个多方面、多学科参与的新阶段，不仅学校和教育行政部门投入、支持和关心这一事业的发展，社会各界包括科技、生产、服务、管理等部门也对这一事业产生了兴趣，并给予支持。信息化教育给教育带来的是一场教育生产力的革命，它所引起的是整个教育观念、教学环境、教学方法、教学组织形式、教学手段、教育中人与人的关系、教与学中的各种行为的变化。本章主要从信息化教学内涵、信息化教学的产生与发展、高职院校信息化教学的理论基础以及高职教师的信息化教学能力等方面展开探究。

第一节　信息化教学内涵

信息化教学，就是在现代教育思想和理论的指导下，主要运用现代信息技术，开发教育资源，优化教育过程，以培养面向 21 世纪能够参与国际化竞争的人才和具有创新精神及实践能力的劳动者为目标的一种新的教育方式。

一、信息化教学特征

（一）强调现代教育观念

现代教育观念是在传统教育观念的基础上发展起来的，随着社会需求所决定的教育价值取向的变化，教育观念也随之改变。现代教育的根本任务是促进学习者的全面发展和个性化发展，使学习者树立持续不断学习的终身学习观，使教育和劳动、学习和工作相互交替进行。在教育教学过程中，教师和学生都是主体，充分发挥两者的主动性和创造性，不仅强调教师的主导性，也要承认、尊重和发展学生的个性，强调个别化的教学与学习。现代教育观念强调教与学的辩证统一，既重视教师的教，也重视学生的学。现代教育观念指导下的教学不仅关注传授知识和技能，而且以素质教育为指向，强调创新精神与实践能力的培养。

（二）应用新型教学模式

信息化教学以基于现代教育技术构建的新型教学模式为核心。信息化教学的新型教学模式倡导以教师为主导、以学习者为主体的学习。在信息化教学的新型教学模式中，学生是整个教学活动的主体，是认知结构的主动构建者，而不是外部刺激的被动接受者和被灌输对象，教学目标的确定、教学过程的设计、教学资源的选择与组合，都要以学生为中心。

学生、教师、教学信息、学习环境作为信息化教育教学模式的四个要素，它们相互作用、相互联系，成为稳定的信息化教学模式结构。信息化教学能够提供充分的交互性，创设生动、直观和形象的学习情境，使教学直观化、模型化和动态化。

信息资源非线性的超文本和超媒体链接更符合人类的思维方式，能够表现思维的复杂性，促使学生分析问题、解决问题，引起学生持续探索的兴趣，完成知识的意义建构。通过丰富的信息资源激发学生的兴趣和联想，唤醒长时间记忆中的有关知识、表象或经验，完成知识的"同化"和"顺应"。现代信息技术被越来越广泛地应用于学校教学中，必将要求教育工作者树立学生全面发展的教学目的观、教学内容开放观、师生关系民主观、学生学习主体观、以学为主的教学过程观、信息技术是基础性的教学工具观等相应的教学新观念，改变传统的教学模式，运用现代教育理论重构新的教学模式，这是当今教育的必然选择。这种模式的最终目标是使学生学会学习、能够学习，培养和提高学生的信息素养、创新精神和实践能力。

随着信息时代的来临，信息技术已全方位渗入社会的各个领域。信息化教学作为现代信息技术与教学实践科学相结合的一种新的教学形态，不仅从手段和形式上改变了传统教学，更从观念、过程、教学方法及模式等层面赋予教学新的含义。教学中突出学生的主体地位、教师的主导作用，使学生在学习过程中得到锻炼，进而培养学生的创造性思维和创新能力。

（三）采用现代信息技术

信息化教学必须以现代信息技术为支撑。在教育中应用的现代信息技术，可以分为硬技术和软技术。主要有三种技术：一是现代媒体技术，即多媒体技术、计算机技术和网络技术，这是一些物化形态的硬技术；二是运用现代教育媒体进行教育教学活动的方法，即媒体教学法，这是一种智能形态的软技术；三是教学系统设计技术，即优化教育教学过程的方法，这是一种应用广泛的智能形态的软技术。信息化教学通过发挥现代信息技术的优势，构建有效地呈现、传递、处理信息的新型教学模式。

（四）利用信息化教学资源

信息化教学资源是指以数字形态存在的，蕴含着大量教育信息并能创造出一定教育价值的各类信息资源。信息化教学中，教育资源是关键。没有丰富的、高质量的数字化教学资源，就谈不上让学生自主学习，更不可能让学生进行自主发现和自主探索学习。信息化教学要做到教材立体化（多媒体化）、资源全球化、教学个性化、学习自主化、活动合作化和教学环境虚拟化。

二、信息化教学的目标

（一）提高学习者信息能力

培养和提高学习者的信息素养，特别是信息能力，是信息化教育的重要目标。信息素养包括信息意识、信息知识、信息能力、信息道德等。信息能力又分为运用信息工具、获取信息、处理信息、生成信息、创造信息、发挥信息效益、信息协作和信息免疫能力。信息能力是当今社会人类生存的最基本能力，它深深地影响着人们的生活、工作、学习的方方面面，是人们选择职业、融入社会的一个决定性因素。

（二）帮助学习者树立终身学习的意识

在快速发展的经济变革进程中，要求在岗人员具备不断补充和更新知识、提高技术水平的能力。如果没有终身学习的意识和能力，就难以在 21 世纪生存。因此，信息化教学的另一个目标就是培养学习者的终身学习能力。

（三）培养学习者创新思维与实践能力

信息化教学是以培养人的创新精神和实践能力为基本价值取向的教育，它不同于传统教育的最显著特征是关注人的发展。信息化教学就是以现代信息技术为支撑，强调信息技术与学科课程进行整合，创设学习环境，调动学习者的主动学习欲望，把学习者的主动性、积极性充分调动起来，使学习者的创新思维和实践能力在课程整合中得到有效锻炼。

第二节　信息化教学的产生与发展

信息化教学的发展从一个教学改革实践中的运动——视听教学运动到形成一个专门的实践领域——应用现代教育技术解决实践问题的领域，进而发展为一门专业与学科——现代教育技术学，经历了 80 多年的时间。

一、信息化教学的形成与发展

（一）视听教学理论的形成与发展

19 世纪末 20 世纪初，模型、地图、实物、照片、幻灯、无声电影等应用于教育领域，它们向学生提供生动、直观的视觉形象，增强教学的直观性。许多教育工作者开始对这些新技术的教育应用进行开发和研究，形成了视觉教育。1923 年 7 月，美国成立了全美教育协会的视觉教学部。在 1918 年至 1928 年的 10 年间，视觉教学部在师资培训、学术研究等方面的深入发展推动了有关视觉教学理论的研究。20 世纪 20 年代末，由于有声电影和广播录音技术的发展及其在教育中的应用，原有的视觉教育概念已不能涵盖已扩展的视听设备介入的教育实践，视觉教育扩展为视听教育。但学校中的视听教学因缺乏设备和资料，发展非常缓慢，几乎处于停顿状态。

"二战"期间，视听教学在工业和军队的训练中得到大力地发展，视听教学理论得到实践的检验和肯定。1947 年全美教育协会的视觉教学部正式更名为视听教学部。1946 年戴尔在总结视听教学理论和视听教学实践的基础上，提出了著名的"经验之塔"理论，它依据各类媒体所提供的学习经验的抽象程度做了系统分类，并概括了应用的原则。这个理论成为教学过程中教学媒体应用的主要依据和指导思想。

1955 年至 1965 年期间，语言实验室、电视、教学机、多种媒体综合呈现技术、计算机辅助教学先后问世，并在教学中得到应用。来自属于视听和不属于视听领域的许多资源要求得到统一的说明，同时传播理论的发展影响了教育领域，传播的概念和原理引入视听教学领域，人们开始把目光从物质手段方面转向了动态的、多维的教学过程方面，从仅仅重视教具教材的使用转向高度重视教学信息从教师经各种媒体传送到学生的整个传播过程。为此，人们试图用视听传播、教学资源等来定义、开阔这个领域。1961 年视听教学部成立了定义与术语委员会，从学习理论和传播理论的角度重新认识视听教学的理论，从传播理论的角度来认识教学过程，媒体已成为教学传播过程中的基本要素之一，从而形成了促进有效教学的一种模式——依靠教学资源来促进有效教学的思想以及利用媒体辅助和传播的教学方式。

（二）程序教学理论的形成与发展

个别化教学是一种满足个别学习者需要的教学。个别学生的自学，在方法上允许学习者自定目标、自定步调，自己选择学习的方法、媒体和材料。

早期的个别化教学作为一种普遍的教学方法，在 19 世纪中叶就已经存在。

1912 年至 1913 年间，伯克为旧金山的一所师范学校的小学设计了一个教学系统，这所学校的学生可以按照自己的进度学习教师编写的自学材料。1924 年，心理学家普莱西设计了一台自动教学机，主要实现对学生测试的自动化，但也包含允许学生自定步调，积极反应和即时反馈等原则。

1954 年，斯金纳发表了《学习的科学和教学的艺术》，指出传统教学方法的缺点，提出使用教学机器能解决许多教学问题，推动了当时的程序教学运动的发展。斯金纳根据自己的操作条件反射和积极强化的理论设计教学机器和程序教学，后来还发展了不用教学机器只用程序课本的程序教学。斯金纳的程序教学的基本思想是在教学过程中贯穿强化理论的应用，早期的程序教学有如下特点：小的步子，积极反应，及时反馈，自定步调及低差错率。

程序教学运动在 20 世纪 60 年代初达到高潮，此后则开始衰退。原因之一是开发有效的程序教材，需要进行系统的设计和实验，这样需要投入大量资金，因此出版商纷纷退出这一领域。但程序教学影响和促进了系统地设计教学的发展，推动了个别化教学的研究，如凯勒的个别化教学系统、掌握学习法、导听法、个别化规定教学、学习程序、个别指导教育等受到重视。

20 世纪 50 年代末，计算机开始用于教学和训练，早期的计算机辅助教学系统的产生受到斯金纳程序教学的强烈影响，由于程序教学使用教学机器，因此人们也把计算机辅助教学系统看作机器教学，是程序教学的继续和发展。早期的计算机辅助教学系统主要用于模仿传统的课堂教学，代替教师的部分重复性劳动，但未能充分发挥计算机的潜在能力。由于计算机容量的扩大和软件系统的改进，计算机可以提供教学资源的共享，可以根据学生的学习情况选择适合的教学资源，使学生变被动听课为积极介入教学过程。计算机辅助教学系统较好地体现和实现了个别化教学的目标。

从一系列的个别化教学实践中，形成了一种以学习者为中心的个别化教学模式，强调学习者的学习效果是教学的目的和衡量的标准。由于程序教学的理论基础是行为主义的强化理论，这种理论促进了学习者学习特性的研究，所以在程序教材的开发过程中，综合应用了行为主义的一些重要概念，形成了系统分析、设计的开发方法和程序。这种行为科学和传播理论一起成为早期现代教育技术形成的主要理论基础。

（三）系统教学理论的形成与发展

系统化设计教学又称为教学系统方法，是一种系统地设计、实施和评价教与学全过程的方法。

系统设计教学的方法来源于设计和改进教学的一种经验主义方法。这种经验主义的方法可追溯到 17 世纪的夸美纽斯，他提出应该用归纳法来分析和改进教学的进程。20 世纪 20 年代，人们开始利用经验主义方法帮助解决教学问题。

由斯金纳等人所描述的关于编制程序教学的过程是利用经验主义方法解决教育问题的一个典型实例，是系统化设计教学概念发展的一个重要促成因素。程序教材的编写过程包括后来在系统化设计教学模式中的许多内容。例如收集有关程序教学材料效果的数据，找出在教学中的缺点并修改材料，这些尝试为以后的形成性评价及修改等重要概念奠定了基础。

有关行为科学的一些概念，如任务分析、行为目标、标准参照测试和形成性评价为系统化设计教学方法的形成提供了科学的依据。

20 世纪 60 年代初，加涅、格拉泽、布里格斯等人将上述任务分析、行为目标和标准参照测试等理论、概念与方法进行有机结合，提出了早期系统化设计教学模型，当时称为系统化教学和系统开发。20 世纪 60 年代后期，布朗等人提出了系统化教学的模型，其模型的一个显著特点是所有的教学设计活动都以学生为中心，充分考虑学生的需要和能力，根据学生达到的学习目标的情况改进教学。

在改进教学的实验方法的实践中，受到行为科学的理论与概念的影响，特别是程序教学的课程开发模式和一般系统论的影响，逐渐地形成了教学过程系统化设计的思想和分析、设计、实施、评价的教学系统方法与实践模式。

（四）现代教育理论的形成与发展

20 世纪 20—50 年代，视听教学方法、程序教学方法和系统化设计教学方法三者基本是各自发展的。但 20 世纪 60 年代后，这三种教学方法中的概念和模式则相互影响，如传播理论影响视听教学领域，传播模型提示影响教学传播效果的众多因素及其相互之间的联系与制约，而在以后的程序教学运动中才真正认识到教学过程中系统分析的重要性。在教学过程中，影响和决定教学效果的变量如此复杂，只有对教学过程应用系统研究的思想和方法，才能对教学过程进行系统分析，找到提高教学效果的有效手段和方法。

现代教育技术是利用更广阔领域的学习资源、强调个别化学习和利用系统方法三种概念整合而成的一个总的促进学习的方法，是由这三个概念整合而成的一种分析、解决教育和教学问题的综合技术。

二、我国信息化教学的发展历程

信息化教学作为一种新兴的实践和研究领域在美国始于视听教学运动，在我国则是以电化教育的出现为标志，经历了从电化教育向教育技术（现代教育技术）发展的历程。电化教育的出现和发展，对我国教育事业的发展和教学改革产生了积极的影响。

（一）电化教育的出现与初步发展

我国电化教育始于 20 世纪 20 年代国内的幻灯教学实验，而电化教育一词的出现大约在 1936 年，那是对幻灯、电影、录音等媒体的教育形式的总称。中华人民共和国成立以后，电化教育有了初步发展，首先是社会上的电化教育的发展，比如有些地方创办了俄语广播学校、电视大学等；其次是学校的电化教育得到了发展，有的高校开设电教课，大学建立专门的电化教育机构，语言实验室在外语教学中开始得到应用。在这个阶段，我国开始尝试利用媒体技术开展教学。

（二）现代教育技术的迅速发展

1978 年以后，电化教育重新起步并迅速深入发展，在全国范围内建立了各级电教机构，购置了大批的电化教育设备，编制和发行了大批的电化教育教材，积极开展电化教育深入课堂教学实验的研究，形成了应用幻灯、投影、录音、电视录像等多种媒体组合教学的高潮。例如，广播电视大学开展卫星广播电视远程教学的实践和研究，高等院校创办电化教育专业培养大批电化教育专门人才。20 世纪 80 年代末、90 年代初以来，计算机技术对教育的全面渗透，计算机技术和互联网技术的广泛应用，校园网、校校通工程迅速推广，教育信息化程度不断提高，进一步推动了以计算机技术为核心的现代教育技术在教育中的应用。现代教育技术一词逐步取代电化教育一词，现代教育技术应用研究在整个教育领域得到普遍重视，教育界人士积极开展现代教育信息技术手段的应用研究、计算机辅助教学的研究、计算机网络教育应用研究，新的远程网络教育也得到了广泛重视。在整个教育界，教学信息化程度越来越高，信息化教学理论和实践研究得到迅速发展。

总之，我国信息化教学的发展是迅速发展的过程。1966 年以前随着电化教育的概念和形式的出现，信息化教学得到初步的发展；1978 年以后随着学校电化教育、计算机辅助教学、远距离教学和教育技术学科建设的发展，信息化教学得到快速的发展。

第三节　高职院校信息化教学的理论基础

职业教育在利用教育技术解决教学问题时，必须要以科学原理为依据，必须要以相关科学对学习问题和教学问题的认识为依据。对学习问题和教育教学问题进行研究主要集中在学习理论、教学理论、视听教育理论方面。职业教育教学是一个教学大系统，具有独特的内在规律，因此要运用系统科学来处理教育系统分析、课堂教学的信息加工、反馈与控制等方面的问题。另外，由于教学也是一种信息传递的活动，因而信息传播理论的一些原理对于解决教学问题也产生了深刻的影响。

一、视听理论

视听理论产生于 20 世纪 40 年代，其中戴尔的"经验之塔"理论最具有代表性。

美国教育家戴尔认为，人们学习的知识，一是由自己直接经验获得，二是通过间接经验获得。当学习是由直接经验到间接经验、由具体到抽象时，获得知识和技能就比较容易。戴尔把人们获得知识与能力的各种经验，按照它们的抽象程度，划分为三大类十个层次，归纳为一个"经验之塔"进行描述，如图 1-1 所示。

①做的经验包括三个层次：直接的、有目的的经验，设计的经验，演戏的经验。

②观察的经验包括五个层次：观摩示范，学习旅行，参观展览，电影、电视，录音、无线电、静止画面。

③抽象的经验包括两个层次：视觉符号，言语符号。

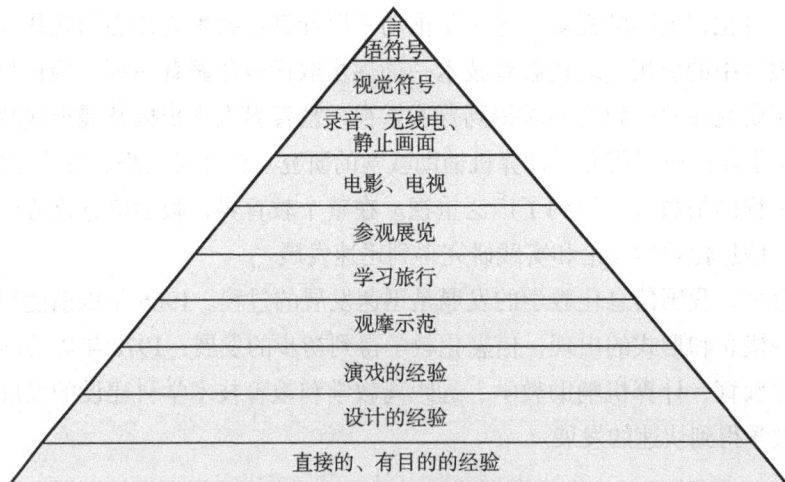

图 1-1　戴尔的"经验之塔"

塔底层的经验最具体，越往上越抽象。"经验之塔"反映的观点是，教学应该从具体经验入手，随着学习者知识和年龄的增长，逐步向抽象发展，抽象的概念应以具体经验为基础。位于中层的观察的经验，特别是视听教具，易于培养观察能力，比语言更具体和易于理解，而且能冲破时空的限制，弥补学生直接经验的不足。所以，在职业教育教学中倡导应用各种视听媒体进行教学。在实训教学环节中，利用塔下边的做的经验，理解深，记得牢；利用塔上边的抽象的经验，通过教育技术手段优化教学，提高教学效率，易于获得概念，便于应用。

二、学习理论

学习是指个体经验的获得及行为变化的过程。学习是个体适应环境的手段。学习理论是对学习规律和学习条件的系统阐述，它揭示人类学习活动的本质和规律，解释和说明学习过程的心理机制，用来指导人类的学习。

（一）社会学习理论

班杜拉的社会学习理论认为，行为主义表现为"环境决定论"，个体行为（反应）由外部环境（刺激）决定；而认知主义则表现为"个人决定论"，个体行为（反应）由个体（内部因素）决定，这两者都是"单向决定论"。实际上，个体（认知和其他个人因素）、环境和行为（反应）作为相互交错的因素而起作用，它们之间相互影响。

班杜拉的社会学习理论的基本原理包括以下内容。

①人类的许多学习都是认知性的，一个人的认知内容对一个人的知觉、解决问题和动机等产生决定性影响。

②反应结果是人类学习的主要来源。反应的发生会导致某种结果，这种结果对个人的行为产生影响，反应结果具有信息功能、动机功能、强化功能。信息功能是指个体了解某些行为在某种条件下会导致成功或失败，从而对某种条件下的行为结果做出假设。动机功能是指个体已掌握的信息，可以通过预见和期望成为行为的诱因条件。强化功能是指个体增加或减少原来这种反应的效率。

③观察学习是学习的另一个重要来源。人类的许多行为都是通过观察他人的行为及其结果而习得的，观察学习的完整过程包括四种成分，缺一不可。观察者以某种方式注意示范事件，通过观察学习到的东西必须用符号加以编码和储存。观察者具有相应的动作能力去再现由编码符号保持的示范事件，在适当的诱因动机下，观察者表现习得的行为。

④展现示范可产生不同的效应。它们分别是观察学习的效应，习得新的反应，抑制效应，加强或削弱已有行为的抑制，促进社交的效应，引发行为库中已有的反应。

⑤观察学习是规则和创造性行为的主要来源。班杜拉在其理论中十分强调自我效能感作用，自我效能感是人们对自己能否有效地进行某一行为的判断，它对人们的行为起到调节作用。自我效能感决定人们对活动的选择以及对该活动的坚持性；影响人们在困难任务面前的态度，影响新行为的习得及习得行为的表现，影响活动时的情绪。

总之，根据班杜拉的个人、行为、环境三者相互依存的互动理论，教育信息化环境对学生行为的影响以及信息技术对教育教学的作用是显而易见的，信息化时代所需要的人才，必须在信息化的环境中培养。

（二）行为主义学习理论

人的行为主要是由操作条件反射构成的。行为主义学习理论力图从操作条件反射研究中总结学习规律，重视强化作用，提出强化原理和程式；认为塑造行为的过程就是按合乎要求的反应次数以及各次强化之间的适当组合而做出的各种强化安排，因此形成了学习与机器相联系的思想，制造了教学机器来实现"小步子呈现信息""及时强化的程序教学"。

行为主义学习理论的基本观点包括以下内容。

①学习是刺激与反应的联结，其公式是：S—R（S代表刺激，R代表反应）。有怎样的刺激，就有怎样的反应。

②学习过程是一种渐进的"尝试与错误"，直至最后的成功。学习进程的步子要小，认识事物要从部分到整体。

③强化是学习成功的关键。行为主义学习理论的特点是重知识技能的学习，重外部行为的研究。

（三）认知主义学习理论

认知主义学习理论认为，人的知识不是由外部刺激直接给予的，而是外部刺激和认知主体的内部心理过程相互作用的结果。因此，学习过程被解释为每个人根据自己的态度、需要和兴趣，并利用过去的知识和经验对当前工作的外部刺激做出主动的、有选择的信息加工过程，如加涅的信息加工模型，如图1-2所示。

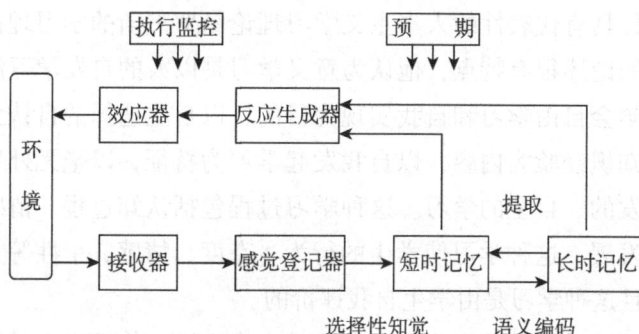

图 1-2 加涅的信息加工模型

接收器接收来自环境的刺激后，转为神经信息传送到感觉登记器，这里是很短暂的记忆贮存，一般在百分之几秒内就登记完毕。由于注意或选择性知觉，有些部分登记了，有的则很快消失了。被感觉登记的信息很快进入短时记忆，信息在这里只持续二三十秒就消失，并被做简单的处理，然后被送入长时记忆，这是一个相当永久的信息库。在这里信息经过编码，用各种方式把信息组织起来备用。当需要这些信息时，经过检索提取信息，被提取的信息可能直接通向反应生成器，从而产生反应，也可能再回到短时记忆，对信息做进一步处理，结果可能进一步寻找信息，也可能直接通过反应生成器做出反应。预期是指期望达到的目标，即学生学习动机，执行监控是指认知策略，两者对学习的影响很大。

学习的实质是在主客体相互作用的过程中，在反映客观现实的基础上，主体通过一系列的反应运动，在内部构建调节行为的心理结构的过程。

认知主义学习理论的基本观点包括以下内容。

①学习是认知结构的组织与再组织，其公式是：S—AT—R（A 代表同化，T 代表主体的认知结构）。客体刺激（S）只有被主体同化（A）于认知结构（T）之中，才能引起对刺激的行为反应（R），即学习才能发生。

②学习过程是信息加工过程。人脑好比电脑，应建立学习过程的计算机模型，用计算机程序解析和理解人的学习行为。

③学习依赖智力和理解，绝非盲目地尝试。认识事物首先要认识它的整体，整体理解有问题，就很难完成学习任务。

（四）人本主义学习理论

人本主义学习理论认为，学生是学习的主体，具有学习的潜能。学生必须受到尊重和重视，任何正常儿童都能自己教育自己；学习是人的自我实现和丰富人性的形成；人际关系是有效学习的重要条件，它在学习中创设了接受的气氛。最具有代表性的人本主义学习理论是罗杰斯的学习理论。罗杰斯对意义学习的论述很有特点，他认为意义学习是以人的自发学习潜能的发挥为基础，以学会自由学习和自我实现为目的，以自主选择的自认为有生活和实践意义的知识经验为内容，以自我发起学习为特征，以毫无外界压力为条件的完全自发的、自主的学习。这种学习过程包括认知过程、情感过程和学习者个性的发展，这种学习使学生的行为、态度、情感、个性等方面都发生了变化，而且这种学习是由学生自我评价的。

罗杰斯还论述了促进自由学习方法的十个方面：构建真实的问题情景；提供学习资源；使用合约；利用社会；同伴教学；分组学习；探究训练；程序教学；交朋友小组；自我评价。

（五）建构主义学习理论

建构主义学习理论是认知主义学习理论的新发展。建构主义学习理论认为，学生是认知的主体，是知识意义的主动建构者，知识不是通过教师传授得到的，而是学习者借助他人的帮助和利用必要的学习资料，通过意义建构的方式获得的。

正如皮亚杰所述，建构是指认知结构不断改变和更新的进化过程，学习是一种能动建构的过程。学习所关注的应该是主动的心理建构活动，学习不是个体获得越来越多外部信息的过程，而是学到越来越多有关他们认识事物的程序，即建构新的认知结构。学习是反映抽象和创造的过程，其在原有认知结构的基础上创造新的认知结构。皮亚杰指出，认知发展受三个基本过程的影响：同化、顺化和平衡。同化是指个体对外部因素进行主动的选择、改变，将其纳入原有图式的功能。而图式是指以动作为基础的主体认知结构或组织，是一种认知的功能结构，是个体对世界的知觉、理解和思考的方式。当个体感受到刺激时，就把它纳入个体头脑中原有的图式之内，使其原有的图式得到量的扩张。顺化则与同化相反，是指个体原有图式不能同化客体时，对原有图式进行调整或创立新图式以适应新环境的功能。即当个体感受到的刺激不能用原有图式来同化时，就对原有图式加以修改或重建，以适应环境，即调节自己的内部结构以适应特定的刺激。这一过程就是顺化，顺化的结果是原有的图式得到质的升华。一般说来，个体每当遇到新的刺激，总是试图用原有图式去同化，如果用原有图式无法同化新的环境刺激时，个体便会做出顺化，即调节原有图式或重建新图式。平衡是指个体通过自我调节机制，使认知发展从一个平衡态走向另一个平衡态的过程。同化与顺化以图式为基础发生作用，这种作用将导致旧图式的不断充实和更新，这一切都有赖于个体通过自我调节而实现新的平衡。儿童的认知结构就是通过同化和顺化逐步建构起来的，并在平衡—不平衡—新平衡的循环中不断丰富、提高和发展。

综合起来，建构主义学习理论的基本思想包括以下内容。

1. 强调以学生为中心

即充分发挥学生的首创精神，将知识外化和实现自我反馈。

2. 强调"情境"对意义建构的重要作用

学习总是与一定的社会文化背景及情境相联系的，在实际情境中进行学习，可以使学习者利用原有认知结构中的有关经验去同化和索引当前学习的新知识，从而赋予新知识以某种意义。

3. 强调"协作学习"对意义建构的关键作用

学习者与周围环境的交互作用，对一些新内容的理解起到关键性的作用。学生在教师的组织和引导下一起讨论和交流，共同建立学习群体并成为其中的一员。在这样的群体中，共同批判地对各种理论、观点、信仰和假说进行协商和讨论。经过学习群体共同完成所学知识的意义建构，而不是由其中某一位或几位来完成。

4. 强调对学习环境（而非教学环境）的设计

学习环境是学习者可以在其中进行自由探索和自主学习的场所，在此环境中学生可以利用各种工具和信息资源（如文字材料、数值、音像资料、计算机辅助教学课件以及互联网上的信息）来实现自己的学习目标。学习环境是一个支持和促进学习的场所，应对学习环境进行设计而非教学环境。

5. 强调利用各种形式的资源来支持"学"而非支持"教"

为了支持学习者主动探索和意义建构，在学习过程中要为学习者提供各种信息资源。

6. 强调学习过程的最终目的是完成意义建构

传统的教学设计中，教学目标高于一切，它既是教学过程的出发点，又是教学过程的归宿。在建构主义的学习环境中，强调学生是认知主体，是意义的主动建构者。学生对知识的意义建构是整个学习过程的最终目的。

因此，情境、协作、会话和意义建构是学习环境的四大要素。在建构主义学习理论指导下的三种教学方法是支架式教学、抛锚式教学、随机进入式教学。

支架式教学：教师为学生营造一个解决问题的概念框架，通过适当的启发引导，帮助学生沿框架逐步攀登，并逐渐放手，让学生自己继续向更高水平攀升。

抛锚式教学：以真实事例或问题为基础，让学生自主地到真实环境中去感受、体验、调查研究、分析和解决问题。教师可以向学生提供解决问题的有关线索，例如从何处搜集资料，专家解决此类问题的探索过程等。

随机进入式教学：以尽可能多的角度，呈现事物的复杂性和问题的多面性。学生通过不同途径多次进入同一学习内容，就能达到对所学知识全面而深刻的意义建构，同时提高理解能力、思维能力和对知识的迁移运用能力。

在建构主义学习理论指导下，教师不再是知识的传授者，而是学生的帮助者，为学生提供有利于意义建构的学习环境，使学生能够建构完整的意义，并进行主动的学习。学习环境的建构包括制作学习软件，提供学习指导，执行教学计划等。

但在建构主义学习环境下，不能把教学目标与意义建构对立起来。在完成教学目标分析的基础上，选出所学知识的基本概念、原理、方法和过程作为当前所学知识的主题，再围绕这个主题进行意义建构。

在职业教育中，学习和教学过程是一个极其复杂的过程，不可能用一种理论来全面概括教学和学习的规律，上述理论都是从不同的角度或侧面来阐述教与学的规律。在具体的职业教育过程中，要选用恰当的学习理论进行指导，使教育技术真正达到优化教育教学的效果。

三、系统科学理论

系统科学是以系统思想为中心的一类新型的科学群，主要包括控制论、信息论、系统论。近年来，系统科学的学习原理被广泛应用于教育系统分析以及课堂教学的信息加工、反馈与控制等方面。系统科学理论的三对相关概念和三个原理对教育系统设计有直接的指导作用。

（一）系统科学概念

1. 系统与要素

系统是指由相互联系、相互作用的两个以上要素构成的具有特定功能的有机整体。

要素是系统中的主要元素，是系统的主要组成部分。要素以其特有的功能保证系统功能的实现，是完成系统某种功能的最小单元。系统的要素共存于系统之中，它们是相互依存、缺一不可的。系统中各要素的关系是对立统一的关系。系统包括要素，要素是系统的组成部分；没有要素就没有系统，反之没有系统也就没有要素。没有孤立的系统或要素。

要素与系统在一定的条件下可以相互转化，即在不同的层次上可以相互转化，如图 1-3 所示。

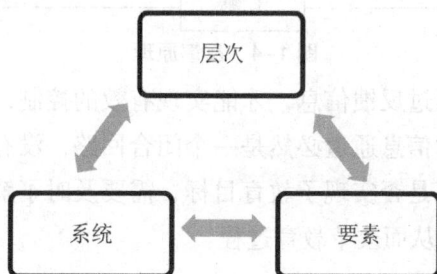

图 1-3　系统与要素的关系

2. 结构与功能

结构是系统中各要素之间的关系和联系的形式。结构形成了系统的组织特性。结构不同，决定着系统中具有不同功能的要素起的作用不同。

功能是指系统在一定环境中所能发挥的作用，它不仅取决于系统的各个要素的作用，而且取决于要素之间的关系和联系，即取决于系统的结构。

结构与功能相互依存、相互联系和相互决定。没有结构就没有功能，功能总是由一定的结构决定，结构也表示一定功能的形成。两者相互制约，结构决定功能，功能反作用于结构。系统的结构发生变化到一定程度，会导致系统产生新的功能；系统的功能发挥到一定程度，也会导致系统出现新的结构。

3. 过程与状态

系统状态的运动变化即过程，系统过程的运动在某一时刻的特性体现即状态。状态是系统稳定的一面，是系统过程的结果；过程是系统变化性的一面，是系统不同状态的连续。系统状态的变化构成了过程。状态与过程是不可割裂、相互联系的，没有过程的状态是不存在的，没有状态的过程也是不存在的。两者相互依存，相互联系。系统的状态决定和影响着过程，系统的过程也决定和影响着新的状态，两者往复循环，相互制约。研究系统的状态与研究系统的过程必须结合起来，通过过程去研究状态，通过状态去认识过程。

（二）系统科学原理

1. 反馈原理

反馈是控制的基本方法和过程。将系统过去控制作用的结果再送入系统中去，使其作为评价控制状态和调节以后控制的根据，这一信息传递过程就叫反馈，如图 1-4 所示。

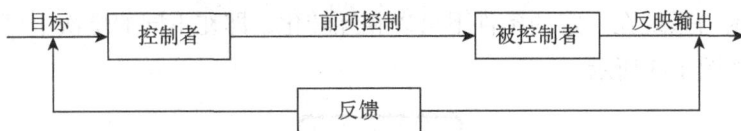

图 1-4　反馈原理

　　任何系统只有通过反馈信息，才能实现有效的控制，从而达到控制的目的。所有控制系统的信息通道必然是一个闭合回路，没有反馈信息的系统不可能实现控制。教育是否实现了教育目标，需要及时了解教育的现状，找出现状与目标的差距，从而改革教育过程。

　　2. 整体原理

　　任何系统只有通过相互联系形成整体结构才能发挥整体功能。任何系统的整体功能等于各个组成部分功能之和，再加上各部分相互联系形成结构所产生的功能。

$$E_{整体} = \sum E_{部分} + E_{联系}$$

　　在教学中，可以采取整体—部分—整体的策略进行教学，任何学科的教学，不能仅仅传授一些孤立的知识，而是要注意各知识之间的内在联系，使学生形成学科的整体结构，在掌握各部分教学内容的同时把握部分与部分之间的关系，把握学科知识与相关学科之间的外在联系等。在教育技术中，不能孤立地看待各种不同媒体的作用，不能孤立地看待信息技术的作用，要从整体的、全局的角度探索教育技术。

　　3. 有序原理

　　系统开放，有涨落，远离平衡态，才能走向有序。系统与外界有物质、能量、信息的交换，才能走向有序。有序是指系统的组织化程度走向增加，如系统由低级结构走向较为高级的结构，系统的功能也随之增加。系统从无序的混乱状态走向有序是系统的发展趋势。涨落是指因系统内部因素的影响，对系统稳定状态（平衡状态）的偏离。而远离平衡态的非平衡态，则是有序之源。

　　在认知过程中，正是认知关键点上的涨落，导致认识上的飞跃，产生直觉、灵感、顿悟。实际上，皮亚杰关于认识发展的同化和顺化就是非平衡的两种体现，经同化和顺化得到新的图式与涨落，导致从非平衡走向平衡，如图 1-5 所示。

图 1-5　有序与图式

　　另一方面，人的学习是从易到难、从低到高，也是一个有序的开放系统。

大脑的思维过程，就是大脑内各认知子系统之间交换信息的有序过程，因此，有效的学习必须善于思考，善于协作交流，吸收来自各方面的有用信息，并在知识的迁移使用中不断地改正错误，改进学习方法，使自己的认知结构越来越有序，表现出来的能力也就会越来越强。

四、教育传播理论

传播是人类社会信息交流的过程，是人类利用各种媒体把信息从信息源传递给接受者的过程。

（一）教育传播模式

传播可分为大众传播和人际传播两大类。按传播内容可以分为：新闻传播、教育传播、经济传播、娱乐传播、科技成果和服务传播。

传播过程是一种信息存储和交换的复杂过程。人们为了研究这一复杂过程，首先将这个过程简化为若干个组成要素，然后分析这些要素在传播过程中的地位和作用，以及这些要素之间的相互联系和相互作用，这样就形成了多种多样的传播模式，如拉斯韦尔模式、香农模式、施拉姆模式、贝罗模式。

1. 拉斯韦尔模式

拉斯韦尔模式（也叫 5W 模式），把传播描述为一种直线性的单向过程，把传播过程看成由五个部分组成，对教学过程的分析富有启发性，如图 1-6 所示。

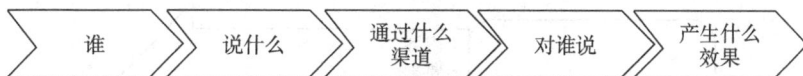

图 1-6　拉斯韦尔模式

2. 香农-韦弗模式

香农-韦弗模式，如图 1-7 所示，把传播描述为一种直线性的单向过程，包括信息源、发射器、信道、接收器、接受者以及噪声六个因素，这里的发射器和接收器具有编码和解码的功能。传播过程中，还有一些噪声对它产生干扰作用。

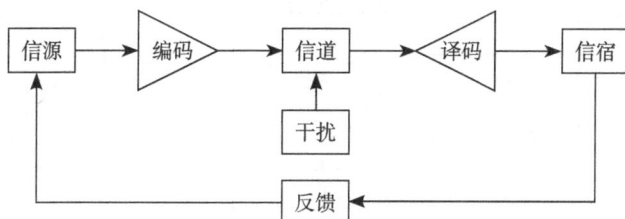

图 1-7　香农-韦弗模式

3. 香农 – 施拉姆模式

施拉姆对香农的传播模式做了改进，加入反馈，强调信息源与信息接收者的经验领域有重叠的共同经验部分时，传播才能完成。

4. 施拉姆模式

在施拉姆提出的循环传播模式中，标明了传播的双向性。在传播过程中，传播者和接受者都是根据他们的知识和技能进行编码和译码。该模式着重强调传播的双向性，传授双方都是编码者、释码者、译码者，如图 1-8 所示。

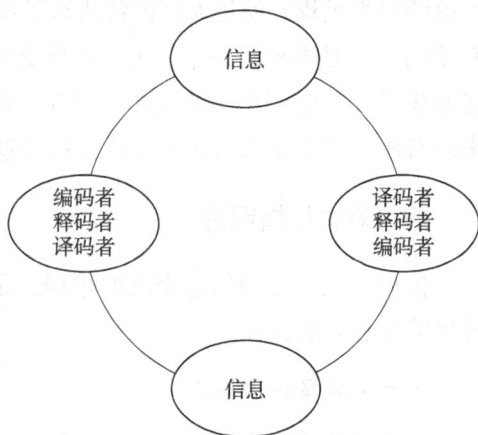

图 1-8　施拉姆的循环模式

5. 贝罗模式

贝罗的传播模式（也叫 SMCR 模式）把传播过程分解为四个基本要素：信息源、信息、通道和接收者，如图 1-9 所示。

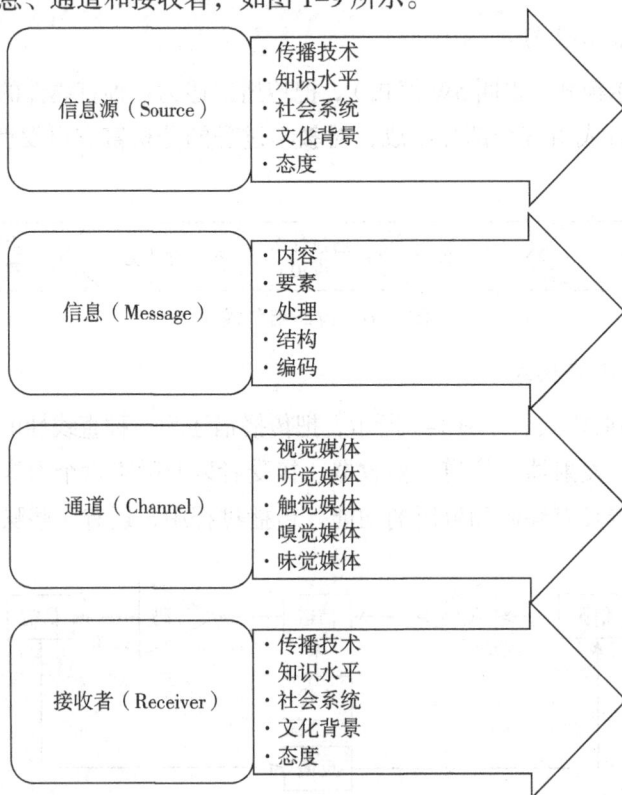

信息源（Source）
· 传播技术
· 知识水平
· 社会系统
· 文化背景
· 态度

信息（Message）
· 内容
· 要素
· 处理
· 结构
· 编码

通道（Channel）
· 视觉媒体
· 听觉媒体
· 触觉媒体
· 嗅觉媒体
· 味觉媒体

接收者（Receiver）
· 传播技术
· 知识水平
· 社会系统
· 文化背景
· 态度

图 1-9　贝罗的传播模式

信息源和接收者：影响信息源和接收者的主要因素是他们的传播技术、态度、知识水平、社会系统以及他们具备的文化背景。

信息：影响信息的因素有符号、内容、处理等。

通道：指传播信息的各种媒体，包括视觉媒体、听觉媒体、触觉媒体、嗅觉媒体、味觉媒体。

贝罗的传播模式着重描述传播过程中各个要素的基本特征。

（二）教育传播过程中教师的任务

作为传播者，教师在教育传播过程中处于发送信息的一端，主要的任务是提供教学信息并对教学信息进行编码以及教学信息再反馈。

1. 提供教学信息

根据教学目标的要求，选择和收集适当的信息内容，以一种学生容易理解的方式，组织和编排教学内容和材料。

2. 对教学信息进行编码

将要传递的教学信息内容转换为能够传递的信号，以便传送出去，比如将知识转换为声音信号、文字信号、图像信号等。

3. 教学信息再反馈

当学生把接收信息后的反应反馈给教师后，教师对学生的反应进行译码、分析，然后把教学信息传播的效果再反馈给学生。

（三）传播能力的影响因素

在传播过程中，影响传播者和接收者传播能力的因素主要包括两个方面。

1. 传播技能

传播技能包括语言的传播技能和非语言的传播技能。语言的传播技能包括说和写的技能，非语言的传播技能包括姿势、感情和动作等。教学传播的成功，选择和应用媒体的技能，很大程度上依赖于教师的传播技能。

2. 态度

影响传播者和接收者的传播能力的态度有：对自己的态度，对学科的态度，对接收者（传播者）的态度。传播者（接收者）对自身知识水平和能力的自信心，积极的自我意识；对学科的了解程度，是否喜欢这个学科，是否感到它很重要；是否认可接收者（传播者）……这些因素都会大大影响传播的能力。例如，教师对学生的态度也会影响他们和学习者之间的有效的信息交流。

总之，教育教学过程是一个信息的传播过程，借助传播理论，揭示教学系统中各个要素之间的联系，描述教学过程中信息的传播。教育教学活动可以看成是一种教育教学传播活动，因此，教育传播是指教育信息的传播活动，它是按照一定的教育目标，通过教学媒体把相应的教育信息传递给特定教育对象的过程。

第四节　高职教师的信息化教学能力

一、高职教师信息化教学基本要求

高职教师的信息化教学在仿真课、理论课和实践课中应用的具体形式不同，但是高职信息化的教学理念是相同的，就是让学生能够更好地接受教育教学，掌握知识内容，熟练、规范地操作加工合格零件；评估加工方案和加工程序的合理性与可行性，并能进行检查和评估；能够认真细致地观察、发现、分析和解决问题，与他人进行交流和沟通，有较强的团队协作精神。在仿真课中，教学环境一般达到学生每人一台计算机，计算机系统内都配备专业所需要的仿真系统软件，利用虚拟技术等先进教育技术开展教学。在这样的环境中，高职院校的教师就要具有较强的计算机虚拟现实技术，熟悉学生的认知发展规律，掌握学生的职业成长过程。理论课教学一般在车间中进行，车间内配备多媒体教室。在这种课程中，高职院校的教师要具有整合信息化工具的能力，将信息化工具作为辅助教学工具，用来提高课堂的教学效果。实践课的实训一般都按"教室＋车间"模式布置，具有"车间里面有教室，教室旁边有实训设备"的环境特点，完全满足课程"教、学、做一体化"的教学要求。这就要求高职院校的教师不仅要具有职业资格技能水平，还要具有信息化教育教学能力，能够根据高职教学的特点编写电子教案、课件，能够运用现代教学手段进行教学，并能在教学中熟练地操作示范。

（一）现代化教育观念

随着高职院校信息化进程的加快，现代信息技术在高职教育中的应用，不仅强烈地冲击着人们的教育思想观念，改变着教育教学的环境、过程、方式、方法，同时对教师这一角色也带来深刻的影响。高职教育信息化要求教师具备的信息化教学的基本技能，主要包括以下两个方面。

首先，现代教育观念体现在教师的教学上。现代学习理念不再单方面强调教，更关注学习者如何学，强调对学习者的学习需求和学习特点的研究，重视学习者的个性需求。因此，教师的角色发生了重大的转变，即从知识的传授者变成教学活动的设计者，学习环境的开发者，学习者学习过程的帮助者、调控者和评价者。

其次，现代教育观念体现在教师的技术观上，即如何看待信息技术的作用。从"以学为中心"的学习观出发，信息技术的应用旨在为学生的主动探究、协作学习服务，创建相应的学习环境成为技术应用的核心。技术不应该仅仅成为教师传递知识的工具。

（二）利用信息资源能力

信息化教学设计强调以现代教育理论为指导，以信息技术为主要手段，充分利用各种教育信息资源，对教学过程的各个环节做出科学合理的规划，使教师的教和学生的学与信息化时代紧密相连，以培养符合信息时代要求的人。因而，教师必须具备获取与应用信息资源的能力。

二、教研与发展能力

现代职业教育呼唤广大教师的专业发展，其核心之一是科研素养，这是教育改革的原创潜能，也是衡量教师是否成熟的重要标准。在教师专业化发展的背景下，教师如何在教学专业上不断成长，更新专业结构、提升专业水准、获得持续发展，是每个教师在其职业规划时必须考虑的问题。从这一视角出发，相对于传统教师的要求，高职教师更应在教学研究能力和终身学习能力方面有所提升。教师作为研究者，需要重新审视理论与实践的关系，通过自身的教学实践反思，促进教育理论的发展。信息社会是学习型的社会，对每个人都有终身学习的要求，教师更应成为终身学习的职业。因此，如何运用信息技术，促进教师自身的专业化发展，是教师信息化素养需要关注的重要方面。

研究型的高职教师既是目标也是过程，其核心观点是教师善于将科学知识、教育理论、科研方法和现代信息技术整合在一起，产生良好的效能感和反思能力。通过教育教学研究，高职教师能根据教育情景的变化，及时而灵活地采取合适的行为来促进教育的开展；遵循教育规律形成独特的教育风格，形成高质量的教育成效和科研成果。同时，教研活动也是联系教师与课堂教学的纽带，高职教师的教研对于创造性地实施理论课程与实践课程，全面落实人才培养目标，切实提高教育教学质量，促进高职教师的专业发展具有重要的意义。

网络作为现代信息技术的典型应用，为高职教师的教育科研提供了有力的支持。首先，利用网络可以突破时空限制，实现教师之间的资源共享。其次，通过网络可以促进教师之间的合作学习、交流与反思。以 ICQ、BBS、E-mail、Blog 为主的网络交流工具可以加强教师与学员、教师与专家之间的合作学习与交流对话，网络则为这样的合作交流提供了便利的平台。另外，社会性软件 Wiki 作为一种网络化写作工具和协作化创作方式，可以实现共同创作、合作完成某项任务，受到越来越多教育者的关注，非常适合开展课题研究。

三、合作与交流能力

在信息化教学环境中，每个高职教师的力量都是有限的，教师之间必须加强合作，相互学习。因为教师之间在知识结构、智慧水平、思维方式、认知风格和技术水平等方面都存在着很大差异，即使讲授同一课题，教师在教学内容处理、教学方式选择、教学设计等方面也有明显的差异，这种差异是一种宝贵的教学资源。通过不同教师讲授同一内容的互动，可以相互启发、相互补充，实现思维、智慧的碰撞，产生新的思想，使原有的观念更加完善和科学。

在新课程教学理念下，高职教师之间的合作交流，除了校内教师的合作交流外，还要加强与其他高职院校教师的交流，开阔眼界、启发灵感、提供借鉴。

现代信息技术的发展，为高职教师的合作与交流提供了多样化的方式和途径。数字化的虚拟学习社区为高职教师提供了交流的平台，使高职教师组成学习共同体，在共同学习中形成学习型组织，促进专业发展。

四、教学设计与实施能力

信息化教学设计是指以信息技术为支撑的教学过程设计，旨在教学中把技术资源和课程有机整合，促进教学过程的最优化。教学设计是信息化教学的重要思想和方法，它是运用系统方法确定教学目标、组织教学资源、选择教学策略、制订教学方案和评价教学效果的过程。对于高职教师而言，信息化教学设计与实施能力，是信息化教学素养的核心能力。

五、教学支持与管理能力

在以多媒体计算机和网络通信为主的现代信息技术环境下，高职教师必须具备将信息技术与课程进行有效整合的能力，具有查询、设计和开发信息化教学资源的能力。学习环境的变化，为各种学习组织形式提供了良好的条件。但要发挥信息化学习环境在教学中的作用，教师必须对学习环境进行管理。教师需要创设适合教学内容的学习环境，协助学生适应学习环境，及时解决教学过程中出现的各种问题，在学习环境中设计各项学习活动等。

第二章　高职院校信息化教学实施现状

21 世纪是信息化的社会，信息已经占据了社会的主导地位，它给教育教学改革带来了历史性的飞跃。但目前，我国高职院校信息化教学实施现状仍存在一些问题。本章主要从高职院校教师信息化教学现状、高职院校教学管理信息化现状、高职院校学生信息化学习现状和高职院校信息化教学的意义等方面进行研究。

第一节　高职院校教师信息化教学现状

一、高职教师信息化教学能力现状

2017 年 5 月，对某省 74 所高职院校的 819 位教师进行了调研，每所高职院校发放问卷 5 ～ 15 份，回收有效问卷 373 份，高职院校覆盖率为 85%，回收有效率为 45.5%。其中国家级示范或骨干院校占 27.3%，省级示范或骨干院校占 26.8%，普通院校占 45.4%。调查覆盖全省所有 13 座城市。

被调查的教师所任教的学科或专业主要有：计算机类、语言类、机械类、艺术类、电子类、建筑类、会计类、数学类、自动化类、药学类、体育类、政治类和公共基础类。

在性别分布上，女性占 63.8%，男性占 36.2%。

在年龄分布上，31 ～ 40 岁的比例最高，占 67.6%；41 ～ 50 岁的占 15.8%；30 岁及以下的占 13.2%；50 岁以上的占 3.2%。教龄 6 ～ 20 年的有 268 人，占 72.2%；教龄超过 20 年的有 30 人，占 8.1%。

（一）教师的信息化培训参与程度

据调查，最近两年，77.8% 的教师参加过信息化教学方面的学习或培训，其中参加 2 ～ 7 天的占 47%，1 天及以下的占 16.2%，8 天及以上的占 14.6%。教师参加的学习或培训一般是以学校组织开展的面授学习培训或自己利用业余时间网络自学，学校组织开展的面授学习或培训占 33.7%，在业余时间利用网络课程等自学的占 22.7%，无任何学习或培训经历的只有 1.8%。

可见，绝大多数教师或多或少地参加过相关的信息化教学培训或学习，但时间相对比较短，通过学校有组织地开展还相对较少，需要教师通过网络开展自主学习。

（二）教师对信息技术的认识

在调查中发现，绝大多数教师认为使用信息技术可以"使教学内容生动形象"，其次是"促进教学改革""提高教学效率""提升教学质量"，而对"减轻教师教学负担"的认可度较低。从整体上看，对信息技术在教学中的积极作用，教师普遍的态度均值在"同意"水平以上，说明信息技术在教学中的作用已经得到广大教师的普遍认同，他们已在日常教学中体会到信息技术带来的优势，尤其从"作用不明显"这一选项的均值来看，更加证明教师对信息技术在教学中作用的认同。然而通过"减轻教师的教学负担"这一选项的均值可以看出，很多教师没有体会到信息技术为教学提供的便利，从而认为其增加了教学负担，也从侧面说明了教师的信息技术能力还有待提高，对信息技术的软件和硬件等使用的熟练程度有待提高，为教师信息化培训提供了指导和方向。

（三）教师对信息技术作用的认识

据调查发现，教师认为信息技术对学生较为明显的作用由大到小依次为："使学生更容易理解、掌握所学知识""有效激励学生学习的积极性""培养学生良好的信息素养""使学生能够随时与教师、同学交流"，其均值均大于4。而"有利于学生之间的协作学习""培养学生分析解决问题的能力"两项的均值则略小于以上四项的均值，说明教师在利用信息技术培养学生协作学习与解决问题的能力方面存在一定不足，导致教师对"信息技术能够培养学生协作学习和解决问题能力"的态度处于"不确定"与"同意"之间的水平。均值最小的是"作用不明显"，值为2.35，处于"不同意"与"不确定"之间的水平，说明教师普遍认同教学中信息技术对学习者的作用效果的影响。同时，该值与上一题"信息技术在教学中的作用"中的选项"作用不明显"的均值2.34相差仅为0.1，可以看出教师对两项的认同水平基本一致。因此在后续的教师信息化培训中应注意提升教师"利用信息技术培养学生协作能力与解决问题能力"的水平，不仅包括软硬件的使用技巧，同时应注意教学理念的提升。

（四）教师对信息化教学影响因素的认识

据调查发现，教师认为影响信息化教学效果的主要因素有："学校的软硬件条件""教师的教学设计能力""教师信息化教学观念和意识""教师的信息技术能力"，其均值均大于或等于4.40，且其标准差值较小，说明教师对于这几项的态度差异很小，意见一致性较高。教师认为对教学效果影响最不明显的因素是"学生已有的学习习惯"和"学生的信息技术素养"，均值分别为3.93、3.94，说明教师认为学生本身对于信息化教学效果的影响并不是关键性的，或者说并不是至关重要的。

学校的软硬件条件是高职院校教育信息化建设中的重要条件之一，高职院校普遍缺乏合适的信息化环境的支持。教师在教学过程中应用信息技术的能力成为影响信息化教学效果的因素，教师应当具备使用多媒体、网络等教学媒介进行教学的能力。同时教师的教学设计能力和教师信息化教学观念和意识也成为信息化教学效果的重要影响因素。教师的教学设计能力体现在对课程的安排与设计上，除了使用信息化教学工具外，更多地需要考虑如何实现课程内容与信息化教学手段的融合。因此，高职院校应当开展相关的培训工作，为教师能力的提高创造条件，从而提升教师的信息化素养与信息化教学理念和意识。

（五）教师对信息化教学工具的使用

在调查中发现，教师普遍掌握水平较高的信息化教学工具是"Word 或WPS""QQ 或微信""多媒体教室系统"，"Word 或 WPS"的标准差仅为0.629，说明教师对其掌握程度差异较小，平均水平较好。掌握程度最差的是"动画制作软件"和"虚拟仿真实训系统"，平均水平处于"差"与"很差"之间。

（六）教师对信息化教学方法的应用

在调查中发现，教师信息化教学方法应用频率最高的是"PPT 教学"，均值4.81 为最高，标准差0.624 为最低；其他依次是"网络教学资源获取""利用网络促使学生进行合作学习""利用信息化手段评价学生学习效果""基于网络撰写教学日志促进教学反思""利用网络实施翻转课堂""使用交互式电子白板教学""使用电子书包教学"。其中"电子白板的使用"使用频率均值最小为2.22，标准差为1.361。而教师采用网络的目的依次是"获取教学资源""利用网络来促进学生合作学习""评价学生的学习效果""实施翻转课堂""撰写教学日志促进教学反思"。教师经常采用网络来"获取教学资源"，但对于其他几个功能的使用，教师的观点则差异比较大，说明教师在教学中使用网络的目的不同，对网络是否促进学生合作学习、辅助翻转课堂实施、提高教学反思等看法也不同。

（七）教师利用网络开展信息化教学

据调查显示，教师使用网络的主要目的是"向学生发布通知"和"给学生提供学习资源"，其均值是 4.36、4.37，标准差为 0.994、0.845，而其他功能的使用依次是"答疑讨论""布置批改作业""进行网络测试"，而"从未尝试过"这一选项的均值最小为 2.44，标准差为 1.419，说明仍然存在一些教师没有利用网络开展教学工作。教师利用网络进行教学的目的集中在信息资源的传递，对在线答疑、网络测试、作业布置、修改等功能的使用较少，这反映了教师需要扩展网络工具的功能使用，充分发挥网络工具的教学优势，提高信息化教学的效果。教师使用网络进行教学的差异比较大，有的教师可以借助网络完成许多教学任务，而有些教师甚至没有利用过网络进行教学。可见加大对教师的培训，提高教师利用网络开展信息化教学的意识与技术非常必要。

二、高职教师信息化教学能力存在的问题

（一）课程设计能力有待加强

制定课程的教学设计是教师必备的一种素养，是否能很好地安排一个完整的教学活动并予以实施是需要学习和积累的。在信息化环境下，高职院校教师的经验不足，且信息化教学水平低，缺乏信息化教学设计与实施的理论知识，欠缺课程实施的经验；学生本身的知识水平相对较低，学习兴趣欠缺、自主学习能力低且不容易掌握与理解信息化学习知识。

（二）教学资源获取能力有待加强

信息化教学过程中，信息的检索与获取能力成为教师必备的能力之一。拥有检索与获取能力，更加利于教师对资源的重新加工与整理。然而高职教师比较欠缺这项能力，主要表现在：学习资源获取比较难，缺乏对特定资源的搜索能力，不会选择恰当的教学素材，资源获取多、利用少，不能与相应的教学内容做好衔接。

（三）信息化技术应用水平有待提高

随着信息技术的发展，从技术的应用及掌握情况来看，大部分教师不能很好地掌握并使用信息技术手段，主要体现在：美化与处理图像，剪辑音视频，录制并编辑微课，制作动画，使用虚拟仿真软件等。高职教师所欠缺的这些

信息技术应用能力将会阻碍其信息化教学的开展，所以需要加强这方面能力的学习与培训，进而提高教师的信息化教学水平。

第二节　高职院校教学管理信息化现状

很多高职院校已经进行了初步教学管理信息化的建设，例如购买一些管理软件、实现网上选课、网上查分、网上安排课程等基本的信息化管理，但是大部分高职院校的信息化管理存在一些不足，主要体现在以下三个方面。

一、教务管理系统单一

教务管理系统作为一个庞大的数据库，并不是一个单一的系统，它由许多分散系统构成，以便学校各个系统资源共享与密切配合。很多高职院校因为经费等原因，往往选用单一的教务管理系统，这种单一的教务管理系统仅仅能实现网上选课、网上查分、网上安排课程，以及其他简单、基本的信息化管理，不能实现更高级别的服务。

二、教务管理系统不合理

大部分高职院校目前采用在市场上购买的教务管理系统，这种系统是各种高校通用的，表面看上去没有问题，但不能满足高职院校的教学需要。市场上的教务管理系统更符合普通高校需求，而高职院校的教育管理跟普通高校的教育管理是不一样的。普通高校主要是以学习理论为主，而高职院校更注重学习实践与学习理论的结合，甚至是以学习实践为主，因此，两者的教务管理系统不能等同。

三、管理人员的能力不足

学校各个阶层的管理人员，其管理水平参差不齐，而教学管理系统是由许多分散的系统构成的，需要各个阶层的管理人员密切配合。由于管理人员的年龄、学历、专业等限制，导致其管理水平有高有低，对电子产品、电子软件的接受程度不同，有些只会使用简单的 Word 文档，如此一来，制约了信息化教学管理水平的提高。

第三节　高职院校学生信息化学习现状

为了更好地了解高职院校学生的信息化学习现状，我们对某省 10 所高职院校的学生展开了问卷调查。

一、师生沟通反馈手段现状

在针对学生课外遇到问题或需要帮助时与教师沟通采用的手段调查时发现，35.3% 的学生会首先使用手机、电话等工具实时与教师获得联系，42.5% 的学生会首先使用 QQ、微信、校内相关平台中的在线留言、消息、邮箱等工具与教师进行沟通。在集体讨论或小组沟通的时候，43.85% 的人比较倾向于 QQ、微信这种方式实时沟通，并且认为这种沟通大家能畅所欲言，效果比较良好；21.7% 的学生认为课堂中的当面沟通效果比较好。

在对网络教学平台应用效果良好的高职院校调研中发现，67.6% 的学生喜欢在线提交作业、教师在线给予评价、考试成绩每一步都有记录查询这种有组织、实时记录、随时查询、清晰明白的学习反馈机制，其中 68% 的学生认为需要改进相关平台的稳定性、方便性和网络的稳定性。

二、网络学习平台的使用现状

在对有网络教学平台的院校进行调研的过程中发现，56.6% 的学生表示每周登录 5 次以下，31.9% 的学生表示每周登录 6～10 次。在登录学习时间统计上，32.6% 的学生表示平均为每次 30 分钟，5.3% 的学生表示每次时间在 1 个小时以上。

在针对"网络学习平台使用效果"调查中发现，超过半数（58.9%）的学生认为使用了网络教学平台后提高了自己的学习效果，学习成绩有了明显的上升。进一步的调查显示，学生在使用网络课程进行学习时仍然面临着许多困难和问题。在谈到"使用网络课程进行学习时，遇到的最大的困难"时，居前五位的困难和障碍主要表现为："网络课程上有用资源太少"（27.3%），"网速太慢"（26.5%），"用电脑学习不舒服"（21.1%），"对于我在网络课程上提出的问题，教师回复不及时"（15.7%）和"学习效率低"（12.9%）。

三、信息化环境下学生的学习方式现状

调查结果显示，高职院校学生最喜欢的课堂参与方式排名依次是：交流讨论、自主探索和教师指导。58.42% 的学生最喜欢的资源类型是动画和仿真资源，他们认为这类资源可以实现不用到实习车间就能学到相关知识，而且能掌握操作流程，专业知识学起来没有那么枯燥困难，学得也快了，学习效果比较好，学习也会变得更有趣；57% 的学生业余时间会利用互联网搜索资源进行学习；64.36% 的学生认为学习专业技能的主要途径是通过教师课堂演示。

当问起是否喜欢教师在课堂中运用信息化手段时，74.8% 的学生很喜欢教师用信息化手段上课，21.4% 的学生认为适当使用比较好，62% 的学生认为信息化手段的应用提升了他们的学习效果。在针对"当前信息化教学中存在的问题"的调研中发现，认为教师在课程中缺少互动设计的学生占32.67%，认为 PPT 设计不佳的占 20.9%，认为过度依靠虚拟资源教学的占 25%。

由此可见，高职院校学生对在教学中应用信息化手段很认可，在学习喜好上偏重于动画、虚拟仿真等资源类型，但同时认为在信息化教学中教师要注重教学设计，提高教学资源的质量，不能过度依靠教学资源而忽视教学本身，要利用信息化手段增加教学互动设计。

调查数据还显示，学生普遍认可通过互联网来学习，他们认为互联网能够锻炼自主学习性，提供充分的资源进行个性化学习，如在手绘漫画课和造型课上可以搜集自己喜爱的画去锻炼提升，在 PS 等课上可以利用互联网挑选合适的素材形成不同的画风、不同的创意。但是有 31.2% 的学生认为自己搜索的网络资源还不够丰富，网上资源很杂乱。一方面希望学校改善网络带宽，另一方面希望学校可以提供专业资源搜索途径或专业教学资源库。

第四节　高职院校信息化教学的意义

一、提高高职院校教学管理水平

实现高职院校教学管理信息化，可以规范高职院校教学管理制度，使教学管理机构更加健全，管理责任更加明确，高职院校的教学管理队伍素质得到整体的提升。在信息化管理过程中，教学管理者可以利用网络来提升工作效率，不再只是依据自己的工作经验和传统的观念模式，从而能够有效提高高职院校的教学管理水平。

二、提高学生自主学习与自主管理能力

高职院校教学管理信息化的实现，靠的不仅仅是教学管理人员，学生也是不可缺少的一部分，要靠全体人员的共同努力。在这种信息化模式的发展中，可以给学生提供更大的自主发展空间。在信息化教学管理逐步适应高职院校发展的同时，增强了学生自主学习与自我管理的能力。

三、提高教学资源配置效率与共享程度

很多高职院校存在着教学资源浪费的问题，再加上学校院系之间、专业之间的资源不能合理的配置，使得教学资源紧缺问题更加严重，影响了高职院校的发展进程。因此，推动高职院校教学管理信息化发展进程，积极发挥网络的各种优势，可以有效地提高教学资源的配置和共享，有利于教学资源的科学合理使用。

第三章 基于职业核心能力培养视角下的 高职教师能力要求

能力标准是衡量一个人是否达到从事某一职业规定能力水平的尺度，是从事某一行业所应具有的技能、知识和行为的具体描述。高职教育注重学生实际动手操作能力的培养，这就要求高职教师不仅应当具有从事普通高等教育的通识能力，还要具有职业教育的特殊能力。本章主要从高职教师能力标准设定的一般特点、高职教师能力标准的内涵与目标取向、高职教师能力标准的构建和"双师素质"视角下的高职教师能力标准体系架构等方面进行系统研究。

第一节 高职教师能力标准设定的一般特点

不同国家和地区对高职教师能力的内涵和外延的界定是不同的，但随着世界经济一体化趋势的进一步加剧，以及技术水平全球化趋势的进一步发展，各种不同能力标准除了在形式上不断趋同外，其背后的理念也逐渐统一，使世界各国高职教师在职业能力标准上呈现出一定的共通性。

高职教师的能力标准强调与行业的联系和专业知识水平。职业教育是进行应用型人才培养的教育，因此具有相关行业工作经历是国外对从事职业教育教师的基本要求。在澳大利亚职业技术教育院校从事职业教育的教师，有2/3 直接来自行业，其余的 1/3 也必须具有行业经历。

另外，所有的职业教师在从事职业教育的过程中，其所进行的研究项目必须与行业密切相关，必须每隔一段时间到行业进行实践，掌握行业最新动态，了解行业需求，学习行业最新知识，从而使自己的能力得到不断的提高。从事职业教育的教师，除了具有丰富的行业从业经验外，还必须具有扎实的专业基础知识，因为只有具有扎实的专业知识，才能培养学生广阔的学术视野和创新精神，否则其所培养的学生只能作为现有技能的运用者，而不是科学技术的创新和发展者。

大多数国家对职业教师专业知识的衡量是以其是否拥有某一水平的学历证书为标准的，如美国佛罗里达州规定要获得临时或者专业证书，申请者必须拥有与美国学士学位等同的或者更高级的学历证书，需要提供能够证明达到能力标准要求的文件等。新西兰新任教师能力标准中规定的教师能力首先就是具有使学习者及其学习领域满意的专业知识和授课方法。

高职教师的能力标准通过职业证书来体现，由就职前培训、入职后提高、评估后救济等环节来保障。虽然各个国家颁发职业资格证书的机构并不是一致的，职业资格证书所涵盖的能力构成要素也不是一致的，职业证书体系也不一定是一致的，但是它们都以教师是否获得资格证书来评判该教师是否达到了从事职业教育的能力要求。教师职业资格证书是从事职业教育的敲门砖，是进入这一行业的必要条件。由于从事教育的教师一般需要获得教师资格证书，所以各国都规定从事教育必须接受就职前的培训。这些培训有的是由政府认可的专门教师学校提供，有的规定教师必须达到一定的学历要求，必须在行业具有一定时间的实践经历，然后才能从事教育事业。在从事教育的过程中，各教育单位必须为教师提供专业能力发展的机会，从事行业实践的机会，以保证教师能够跟上行业发展的需要，促进教学水平的提高。当教师在绩效考核中达不到相关能力的要求，雇用单位不能简单地进行否定，而是要经过学校评估委员会、校长委员会进行详细鉴定。如果情况属实，那么该单位就会给教师提供能力提升的机会，制订专门的帮助提高计划，促使该教师达到考核要求。

教师的能力标准具有等级及种类的划分，强调职业教育的安全保障、教育平等以及因材施教。教师的能力标准根据从事教育的时间以及经验等方面的不同，分为不同等级。美国肯塔基州教育专业标准委员会是负责教师专业标准、证书和依据肯塔基州法律颁发教师许可证的机构，它依据申请人是否完成教师准备项目的情况以及是否从一个认证的教育机构最低获得学士学位情况颁发三个层次的教师资格证。美国新墨西哥州也因其教师、学生及其学习的多元化，建立了满足多元化需求的教师能力标准，按照教师身份的不同分为临时教师、专业教师和高级教师三个级别。发达国家高等教育发展中，职业安全教育被视为教育活动的重要内容之一，教育平等得到了较为全面的体现，承认学生的多元化需求并鼓励因材施教，强调教师应当具有运用不同技能和方式教授不同类型学生的能力、针对不同学生运用不同授课方式的能力、运用不同策略和方法帮助学生理解和激发课程兴趣的能力以及运用合适鉴定方法鉴定学生掌握知识程度的能力。

教师能力标准描述模式存在相似性。虽然各国的教师能力标准描述模式存在着很多差异，但其中包含的要素主要有能力领域、能力单元、能力指标等内容，层次由概括到具体。例如澳大利亚培训与鉴定教师资格证书培训详细阐述了在行业或者专项技术领域提供培训所需要的能力，以及在一系列背景下进行以能力为本位鉴定活动所需要的能力，其主要内容包括8个能力领域、14个能力单元，每个能力单元又包括能力单元描述、能力单元适用、能力单元的绩效标准、关键能力、适用范围声明、证据指南等内容。新西兰对教师能力标准的规定采用了能力领域、能力标准和能力指标的描述模式，共规定了3个能力领域、7小项能力标准、29个能力指标。

第二节　高职教师能力标准的内涵与目标取向

一、高职教师能力标准的定义

标准是一种以科学和实践经验为基础的，被人们认为必须达到的表现水平。标准的制定从合适的指标的界定开始，以整体衡量专业能力水平结束。结合高职院校的特点，高职教师能力标准可定义为：在教育活动中达到所必须具备的专业能力，且具备一定的职业核心能力，具体表现为专业知识、技能，专业态度，自我学习和信息处理能力，与人交流、解决问题和创新能力。高职教育具有极强的职业定向性，教学内容更注重知识、技能的实用性和在实际中的实用性。高职院校作为教给学生专业知识技能的地方，高职教师就应该具有教给学生扎实专业知识的能力，因此高职教师要具备深厚扎实的专业理论知识和专业实践操作能力。

二、高职教师能力标准制定的目标

高职教师是具有很强专业知识的人才，但是这个职业尚未成为社会上的主流职业，为提高高职教师的社会教学地位，必须经过自身素质的提高、能力标准的规范的专业化过程，高职教师才能成为专业。因此，研究和制定高职教师能力标准是非常有必要的。但制定高职教师能力标准并非目的，只是践行的一种手段。最终目的是建立高职教师培训体系，进而让所有高职教师都能达标，让学生接受高质量的教育。中国的高职教育正处在一个飞速发展的阶段，同时其教学规模的跨越式发展导致众多的高职教师面临着一个困境：高职教育模式的转变能让高职专业更好地发展吗？众多教师感到迷茫。

目前，我国现行的高职教师资格认证体系与普通高校教育相同，未能满足职业教育的要求、体现职业教育的特色。对高职教师能力的评判也只是"职前"的例行检验，而在其后期的职业发展过程中，却无能力评价和提升机制。高职教师在这一不完善的能力标准机制下逐渐迷失了专业发展方向。

此外，流行的工具理性思维方式把高职教师工具化，高职教师成为高职院校教育学生的工具，他们不是管理学生，而是高职院校的被管理对象。高职院校通过教师取得学生来源，而高职教师也把这一职业作为自己的谋生手段，使得知识的传输没有创新，变成了机械的教学模式，将教学活动变成被动应对，就更谈不上创新。

因此，研究和制定高职教师能力标准迫在眉睫。研究和制定高职教师能力标准一方面可让教师对照标准衡量自身，并进行自我评价和反思，还可依据标准明确未来的发展目标；另一方面可引领教师的专业发展方向，激发高职教师专业发展愿望，从"要我"变成"我要"。在高职教育迅猛发展的这个特殊时期，科学合理的高职教师能力标准的研究和制定是非常迫切和必要的，对高职教师专业能力发展、高职教育规范化和质量提升都是有利的。

第三节　高职教师能力标准的构建

我国目前尚没有相对成熟的高职教师能力标准，现行的教师资格证书体系也与普通高等教育相同，并未完全体现职业教育的特色和要求，对教师能力的评判主要是对"职前"相关能力的入门检验，而没有强调"职中"能力的持续评价和提升。随着我国高职教育的进一步发展，尤其是国家示范性高职院校建设的启动，充分借鉴发达国家教师能力标准的规定和职教理念，密切结合我国高职教育面临的实际问题，制定科学合理的高职教师能力标准，将成为提高我国高职人才培养水平、实现高职人才培养目标的重要保障。

高职教师能力标准的灵魂是高职教育的理念，不同的理念决定着高职教育发展的不同方向，也决定着教师能力标准内在精神的不同。我国高职教师能力标准的制定应当充分体现高职教育先进理念的要求，致力于人才培养水平的提高。

一、终身教育理念

自终身教育思想提出以来，世界各国都在进行探索，目前许多国家已经逐步构建了 21 世纪的终身教育框架体系，形成了符合未来教育发展方向的、具有前瞻性的终身教育理念。高职教育面对的是高技能型人才的培养，传授的是不断更新的专业知识，所以高职教师能力标准应当体现终身教育的理念，促进教师能力的不断创新和更新。

二、能力本位理念

能力本位理念的核心是 CBE 理论，即以能力为基础的教育教学思想和制度体系。该理念主张职业教育以全面分析职业角色活动为出发点，以提供产业界和社会对培训对象履行岗位职责所需要的能力为基本原则，强调学员在学习过程中的主导地位，所以高职教师能力标准更应当突出以能力评判为中心的理念。

三、多元化办学理念

随着开放理念的进一步深入，世界各国高职院校纷纷打破大学与社会相隔绝的状态，实行开放办学；加强职业院校服务社会、服务社区的能力，把职业院校建在社区，面向社区招生和就业；加强校企合作办学，为行业、企业提供高素质技能型人才，促进产学研合作制度化，学校、行业、企业相互支援，共同受益；加强职业教育的国际合作，培育标准化的国际型人才，促进专业技术人才的流动，满足经济全球化发展的需要。基于这种理念，高职教师能力标准应当注意教师能力的多元化，以应对办学的多元化要求。

四、人文素质教育理念

在知识经济时代，高职教育培养的学生不仅要有丰富的专业知识和娴熟的技能，而且要有良好的职业道德、健康的职业心理、自主创业的意识、终身发展的能力。在职业技术教育中重视人文素质教育是发达国家普遍形成的一种共识，如近年来美国职业院校的选修课已占到整个课程的 30％左右，注重培养学生处理人与人、人与自然、人与社会之间关系的人文素质。我国高职教师能力标准应当强调教师人文素质的评价，突出教师在教育活动中高尚人文素质的引领作用。

高职教师能力提高与素质培养是当前我国高职教育改革的一个重要方面，我们应当充分借鉴发达国家高职教师能力标准所体现的先进职教理念及其能力构成，立足我国高职教育实际，大胆创新，通过能力标准的设置推动我国高职院校的师资队伍建设。

第四节　"双师"素质视角下的高职教师能力标准体系架构

一、高职院校"双师"素质的内涵

创建示范性高职院校要求高职教师应具备"双师"素质。《高职高专院校人才培养工作水平评估方案（试行）》关于师资队伍的建设体系中提出："双师素质教师是指具有讲师（或以上）教师职称，同时具备下列条件之一的专任教师：有本专业实际工作的中级（或以上）技术职称（含行业特许的资格证书）；近5年中有2年以上（可累计计算）在企业第一线本专业实际工作经历；或参加教育部组织的教师专业技能培训获得合格证书，能全面指导学生专业实践实训活动；近5年主持（或主要参与）2项应用技术研究，成果已被企业使用，效益良好；近5年主持（或主要参与）2项校内实践教学设施建设或提升技术水平的设计安装，使用效果好，在省内同类院校中属于先进水平。"

高职教育以培养高技能人才为目标，由于培养目标定位的不同，高职教育"双师"素质教师在通用能力、专业知识、职业能力等方面的要求有其独特性。

（一）通用能力

通用能力包括创新能力、综合协调能力、情感驾驭能力等。"双师"素质教师须尽快接受新观念、新技术，不断分析职业岗位群变化产生的新问题，及时更新自身职业能力结构，以适应教学需求；"双师"素质教师应善于掌握创新理论和创新方法，具备组织、指导学生开展创造性职业活动的能力。

高职教育的"双师"素质教师对内与同事、学生相处，对外与企业人员沟通和配合，这就要求"双师"素质教师要具备较强的综合协调能力，才能保证各项教学活动的顺利开展。"双师"素质教师必须具备较强的情感驾驭能力，并潜移默化地影响和提高学生的情感素质，增强学生应对就业市场挑战的能力。

（二）专业知识的实用性

高职教育的专业教学主要采用以横向为主的模块式课程体系，它强调的是职业性、技术性和应用性。作为高职院校骨干力量的"双师"素质教师，既要从事课堂教学活动，又要从事行业职业实践活动，并将行业职业知识、履行岗位职责的实践能力融于课堂教学过程中。因此，"双师"素质教师必须具备实用的专业知识和实践能力，把市场需要的职业知识和实践能力及时传授给学生，从而满足社会对高职教学的要求。

（三）较强的职业综合能力

高职教育的特点决定了"双师"素质教师除具备一般高校教师的教育教学能力之外，还必须具备履行生产岗位职责的实践能力，即任职顶岗所必需的职业技能和技术应用能力，具体包括职业岗位群所要求掌握的专业知识、技术操作能力以及排除故障、维修设备的能力等；"双师素质"教师的科研能力偏重于应用研究和高新技术的开发与推广，要求"双师素质"教师充分发挥与生产实际联系密切的优势，重点解决实际技术问题，将理论研究的成果尽快转化为企业的生产力；"双师素质"教师必须敏感地把握职业岗位（群）的需求变化和技术内涵，在教育教学过程中及时确立与职业需求相对接的办学方向，及时调整和改进人才培养规格、培养模式、专业设置、课程体系、实践教学和考试方法等，以体现高职教育鲜明的职业定向性的特点。

二、构建高职教学综合能力测评体系

为了推动专业教师向"双师素质"教师的转化，提高"双师素质"教师队伍的整体水平，各高职院校应结合学院实际情况，就专业知识、通用能力、职业能力等方面制定"双师素质"教师培养标准，尤其是应制定职业能力标准。在制定标准的基础上构建职业教学综合能力测评体系，这一点对高职教育"双师素质"教师的培养至关重要。

高职教师能力标准就是为了促进高职教育的规范有序，确保高职教育质量而制定的满足高职教育需要的、高职教师应具备的可分为不同级别的能力标准。它是人们从事高职教育所必须达到的条件，是获得教师资格证书以及执业资格证书的前提，是进行教师绩效考核的必要依据，是高职教师应具备能力的最低标准。

我国目前尚无相对成熟的高职教师能力标准。随着我国高职教育的快速发展，尤其是国家示范性高职院校建设的启动，充分借鉴发达国家教师能力标准的规定和职教理念，密切结合我国高职教育实际情况，制定科学、系统、合理的高职教师能力标准，将成为提高我国高职人才培养水平、实现高职人才培养目标的重要保障。

高职教师能力标准应当由国家教育主管部门委托高职教育专家及行业、企业专家，制定富有弹性的统一能力标准，作为地方省市（区）教育主管部门考核、鉴定高职教师能力的主要依据，同时授权地方省市教育主管部门，针对本地区高职教育特点、高职师资总体情况、经济发展水平、民族特色等内容进行适当调节，满足不同地区高职教育特色的客观需要。

我国高职教师能力标准应当充分体现高职教育的特点，既有关于相关能力的宏观要求，又有具有可操作性的指标规定。实践中，高职教师能力标准可以按能力领域、能力单元、能力标准、能力指标等层次，采取由宏观到具体的方式进行。借鉴发达国家教师能力标准的相关规定，我国高职教师能力标准应当主要包含以下内容：职业道德、专业基础知识、专业实践知识、授课能力、现代教育科技手段使用能力、鉴定和评估能力、专业化提高和终身学习能力、行业联系能力、交流能力、学习环境的创新及管理能力等。另外，这一标准还应当包括关于证据收集、鉴定考核程序等内容。

在高职教师能力标准体系中，我们认为职业教学综合能力是核心，是体现高职教师能力标准特色的关键因素，职业教学综合能力应包括理论教学能力和实践教学能力。我国目前尚未对高职教师的职业教学综合能力测评建立一定的标准。

对于高职院校来讲，可以在国家高职教师职业能力标准基础上，制定适合本校的高职教师职业教学综合能力测评体系，内容包括以下三方面：职业教育思想（职教理念、高职专业及课程特点要求，20分）、职业教学能力（教学设计、教学组织、教学方法，50分）、专业基本技能（专业实践技能、专业理论水平，30分）。

测评程序与方法如下所述。

（一）职业教育思想

首先将职业教育思想学习提纲发给全体教师，由各系（部）组织教师学习，由学校拟定试卷统一进行测试，测试未通过者参加第二次测试。必要时由学校组织集中培训。

（二）职业教学能力

学院拟定测评指标及评审标准。测评指标包括教学设计、教学组织、教学方法三个方面。测评内容包括学习领域课程整体设计思路、一次授课单元的完整教学设计及组织实施，教学方法及组织实施要求根据现有实训条件进行。由教学管理部门、教学质量监控部门、系（部）等相关专家组成专家组，专家组当场为被测评教师打分。

（三）专业基本技能

由各系（部）根据专业特点具体制定专业基本技能测评方法，系（部）组织教师在实训室或实训基地进行专业基本技能测试。

第四章　高职信息化教学资源与环境

随着高职教育信息化的深入发展，信息化教学媒体越来越丰富，这不仅为高职教师提供了更多可以选择的教学资源，为教学改革奠定了物质基础，也为学习者创造了更好的学习环境，进而更好地促进学习活动的开展。本章主要从高职信息化教学媒体、高职信息化教学环境以及高职信息化教学资源等方面进行深入研究。

第一节　高职信息化教学媒体

一、教学媒体概述

（一）媒体与教学媒体

媒体是指信息传播过程中，信息源与信息的接收者之间的中介物，即存储并传递信息的载体和任何物质工具。从广义的角度说，媒体的范畴是很广泛的，从书本、图片、模型到电影、电视，以及录音机与录音带、录像机与录像带、计算机与各种软件等，只要实现了信息传递都属于媒体范畴。一般来说，构成媒体的要素包括信息、表征信息的符号和携带符号的物质实体。

媒体用于存储并传递以教育教学和学习为目的的信息时，称为教育媒体（也称为教育传播媒体）。教育媒体是存储并传递教育、教学信息的载体和中介，是教学系统的重要组成部分，形成了教学与学习的资源环境。

信息化教学媒体是信息化的产物，是现代信息技术媒体在教学上的应用。

（二）媒体与教学媒体发展阶段

人们在日常生活、劳动中必须借助各种媒体进行信息的交流与传播。人类最早的个体之间的交流是利用一些信号、简单声音、姿态和手势。后来逐渐创造出一套非口头语言，如鼓声、火光、图画、音乐和舞蹈及其他形式的图形符号。随着人类社会的不断进步，媒体经历了几个重要的发展阶段，每个阶段都对教育、教学的发展产生了重大的影响。

1. 语言媒体阶段

语言媒体的产生标志着人类在交流方面，特别是在记忆和传递知识以及表达较复杂的概念的能力方面有了巨大的进步。

语言媒体的主要功能有：①符号的功能。语言是实物、现象的声音符号，人们用语言代表事物、现象。②语言具有促进思维发展、表达思想的功能。语言用来概括并形成概念，从而促进了思维能力的发展，扩大了认识范围，提高了认识的能力。③语言具有交流、传播的功能。人们通过语言进行信息的交流和传播。

由于语言媒体具有符号、表达、交流的功能，因此，语言媒体的发展在促进人类社会及教育的发展中发挥着重大的作用。即使在发展了多种多样现代媒体的今天，语言媒体仍具有其他媒体不能替代的力量。语言是人类交际活动中最基本、最重要的一种传播媒体。

语言媒体的局限性：语言符号比较抽象，常常需要手势、表情、体态去辅助表达。口头语言只能在有限的距离内交流，而且瞬间即逝，难以保存。

2. 文字印刷阶段

从语言的产生到文字的产生经历了几万年。人类最初采用文字的时间大约在公元前 4000 年。手写、手抄形式的书本大约出现在公元前 3000 年。文字是书写的符号，是语言的抽象表达，具有与语言同样的功能，文字的产生还使得语言得以保存，生产、生活经验得以记录下来，使得人们有可能把信息传播得更远更久。在纸张发明以前，文字的书写和记载非常不便，当时只能将文字刻写在龟甲、兽骨、竹简、金石、木板、布帛之类的物体上。大约在公元前 2 世纪，中国人发明了造纸术。公元 105 年，中国的蔡伦造出了第一批纸。纸是书写文字的方便工具，文字和纸的发明开创了人类信息传播的新篇章，人类除了口耳相传，还可以利用书写文字来传达信息，引发了教育方式的一次重大变革。

从文字的出现到印刷术的发明经历了几千年。公元 450 年，中国在南北朝时期出现了类似雕版印刷术的摹拓方法；公元 1045 年，宋朝的毕昇发明了活字印刷术；公元 15 世纪，德国人古腾堡受中国活字印刷术的影响，发明了效率更高的金属活字印刷术。从此，书籍成为一种重要的传播手段。印刷媒体的出现使得信息可以大量复制、存储并广泛传播，教科书的大量印刷使得大规模的公共教育成为可能。17 世纪产生了班级授课制，各种类型的学校相继开办，引发了教育的又一次重大变化，教科书成为学校教育的最重要的媒体。

3. 电子传播阶段

19 世纪末以来，电子和微电子技术的发展带来了一系列新的传播媒体。人们把以电子技术新成果为主发展起来的传播媒体称为电子传播媒体。例如，幻灯、电影、投影、广播、电视、卫星电视、录像、录音、计算机及其课件等。电子媒体的发展大大促进了信息的存储、传递，提高了人类的信息传播能力和传播效率。

电子传播媒体用于教育的优越性主要有：①电子媒体使教学信息能够迅速传播，扩大了教学规模和学习资源，打破了时空的限制，为教育的普及与提高提供了新的手段。②电子媒体不仅能传送语言、文字和静止图像，而且能传送活动图像，增强了信息的表达能力和教学的直观性，弥补了传统媒体在形象逼真、记忆检索、技能技巧和动作描写等方面的局限，有助于提高教学的质量和效率。③电子媒体可以记录、再现现场实况，还具有与学习者相互作用的能力，从而为个别化教学、继续教育以及教学模式、方法的改进提供了物质条件。④电子媒体可以实现资源的共享，实现非线性的资料查询。新的电子媒体虽然具有上述优势，但它不能替代传统媒体，比如印刷媒体在今后相当长的时间内仍是教学的重要工具。各种媒体各有自己的特点和功能，又有其局限性，在教学过程中应相互补充，取长补短。

二、教学媒体的分类

教学媒体的种类很多，按不同的分类方法，可以得到不同教学媒体的分类。按印刷与否分类，可分为印刷媒体和非印刷媒体；根据信息传播过程中信息流动的相互性分类，可分为单向传播媒体和双向传播媒体；根据媒体呈现的形态分类，可分为印刷媒体、非印刷媒体和电子媒体；根据媒体的物理性能分类，可分为电声类媒体、光学投影类媒体、电视类媒体和计算机类媒体；按传播范围分类，可分为人际交流媒体和大众传播媒体；根据感觉通道和媒体构成分类，可分为视觉媒体、听觉媒体、视听觉媒体、交互媒体、多媒体系统和现代信息传输系统等。

下面，我们按感觉通道和媒体构成的分类进行简单叙述。

（一）视觉媒体

视觉媒体是指用眼睛来接收信息的媒体，包括投影视觉媒体和非投影视觉媒体。投影视觉媒体包括幻灯、投影和实物投影。非投影视觉媒体包括黑板、印刷材料、图片、图示与图解材料、实物与模型教具和展览。

（二）听觉媒体

听觉媒体是指各种为教学目的而录制的和传播的人声和其他声音。常见的听觉媒体主要有磁带录音机、收音机、唱机（包括CD）、音频功率放大器、话筒和扬声器。

听觉媒体的优点：比较便宜，听觉材料容易得到，使用简单；文盲和没有阅读能力的人，可以通过听觉媒体来学习；听觉媒体可以提供比印刷材料更丰富的考察信息，便于复制。

听觉媒体的局限性：听觉材料的顺序是固定的，单纯听录音而没有视觉材料的配合不容易使学生长时间集中注意力。

听觉媒体在教育上的功能表现：打破时空限制，扩大教学信息的传播范围；提供声音的真实感受，创设教学气氛；提供典型示范供学生模仿，提高学生的鉴赏能力；学生可利用听觉媒体进行对比学习，有利于自我鉴别，及时矫正问题；利用听觉媒体使抽象的教学内容变得生动、形象、直观，有利于解决教学难点。

（三）视听觉媒体

视听觉媒体集视觉媒体和听觉媒体的功能于一身，通过有声的活动视觉图像，生动、直观、逼真地传递教育教学信息，易于激发学习者的注意力和兴趣，有利于提高教学效率和效果。视听觉媒体可分为电影、电视、卫星电视系统、有线电视系统、图文电视与图文检索、远距离会议系统等。

电视能有效地延伸和扩展人的视觉能力和听觉能力。电视作为一种教学媒体具有以下特点：电视媒体是视听结合的教学媒体，能够将信息即时、迅速、远距离大范围地传播；电视图像色彩鲜艳，清晰度较高；电视媒体可使教学过程更加生动，更容易吸引学生的注意力；电视媒体可以用于辅助教学，以提高学生对教学内容的理解程度；电视媒体适用于远距离教育。

（四）交互媒体

交互媒体是指能够在媒体与受训者之间构建信息传递的双向通道，使双方能够相互作用、相互影响的媒体。常见的交互媒体有程序教学媒体和计算机及其网络媒体。

1. 程序教学媒体

程序教学媒体是最早出现的一种交互媒体，主要包括程序教材和程序教学机器。在程序教学方式上，学习者利用程序教材和程序教学机器，自定学习步调，自控学习进度，在没有教师直接参与教学过程的情况下自主进行学习，完成学习任务。程序教材将教学内容分解为一系列小的学习单元，这些学习单元按一定的顺序排列，难度逐渐递增，每一个学习单元后都设有要求学生回答的问题，并有与之对应的附加单元，它提供问题的正确答案及其强化正确反映的反馈信息。程序教学机器是一种在程序化学习材料机器上进行自动教学的装置，它为学习者提供一系列问题，要求学习者对问题进行解答。

程序教学媒体的优点：学生能积极参与学习活动；有利于个别化学习；即时反馈和强化，加强学生的学习动机。

程序教学媒体的局限性：在教学处理上过于程式化，不利于培养学生的灵活性、综合性和创造性；不利于学生学习能力的全面培养，如观察能力、口头表达能力，也不利于发展学生的想象力；教师必须加强学习动机、学习方法的指导，否则达不到理想的效果；教学程序编排工作量较大。

2. 计算机及其网络媒体

计算机及其网络媒体的交互性能强大，在教学中已被广泛应用。计算机及其网络媒体在教学中应用的优点如下所述。

①可存储丰富的教学信息，而且能够快速地进行处理、检索和提取，提高师生对学习资源的利用能力。

②创设泛在学习环境，师生可以随时随地进行学习，非正式学习得到强化。

③交互性水平较高，师生、学生互动方便，有利于形成各种各样的学习共同体。

④可以有效地激发学生的学习动机，保持学习的积极性。

⑤可以记录、分析和处理学生学习情况，师生可利用这些信息来调整教与学，满足学生的需要。

计算机及其网络媒体在教学中的局限性：费用较高、设备更新快，容易造成使用与维护的困难；教学资源的质量和数量有待进一步提高和丰富，这需要投入大量的人力、物力、财力和时间；较难实现情感、动作技能、交流技能方面的教学目标。

三、教学媒体的特性

教学是教师和学生凭借教学媒体进行教学信息互动的过程。教学媒体作为师生互动的中介，是教学系统的重要组成部分，对教学效果会产生至关重要的影响。教师应该对教学媒体的功能特性有深刻的认识和理解。

（一）共同特性

教学媒体的共同特性是指各种不同的教学媒体都拥有的教学特性。

1. 组合性

这是指若干种教学媒体能够组合使用，不同的媒体从不同的侧面展现和传递教学信息，相互促进信息表达的效果。

2. 工具性

这是指教学媒体与人相比处于从属的地位，是人们获取信息、传递信息的工具，是人们的认知工具。

3. 智能性

这是指教学媒体在特定的时空条件下，可以离开人的活动独立发挥作用。有时可以代替教师进行教育教学活动。有的甚至能对学习者的个人特征做出鉴别，从而向学习者提供适合的学习策略指导，如智能 CAI、Agent 在网络课程中的应用。

4. 重现性

这是指教学媒体可以记录和存储信息，以供需要时再现。如果保存得好，这些媒体可以根据需要，一次次地被重复使用，而其呈现信息的质和量都是稳定不变的。

5. 扩散性

这是指教学媒体可以将各种符号形态的信息传送到一定的距离，使信息在扩大的范围内再现。

（二）个别特性

教学媒体的个别特性是指各种教学媒体自身所特有的、区别于其他媒体的功能特点。

1. 表现力

教学媒体的表现力是指教学媒体表现事物的空间、时间和运动特征的能力。不同媒体的表现力不同，例如，言语、文字是借助语义、语调及音响的抑扬顿挫、轻重缓急来表现事物的特征；电影、电视、录像能够以活动的图像呈现正在变化的过程和动向，能够调节事物和现象所包含的时间因素（动作快慢），能够从各个角度表现事物的形象、方位、距离等空间特征；幻灯投影和图片在表现空间特征方面和电影、电视相似，但它们是以静止方式而不是活动的方式来展示事物特征的。可以说，表现事物的形象（空间特性）

方面，幻灯、录像、电影等媒体比录音、广播等媒体强；表现事物变化（运动特性）方面，电影、录像媒体比幻灯、投影强。

2. 重现力

教学媒体的重现力是指教学媒体不受时间、空间限制，把存储的信息内容重新呈现的能力。重现力分为即时重现和延时重现两种。照片、电影等只能延时重现，而录音、录像等既能延时重现，又能即时重现。

3. 参与性

教学媒体的参与性是指教学媒体可提供学生参与活动的机会。参与性分为情感参与和行为参与两种。电影、电视、录像、广播等具有较强的表现力和感染力，可以诱发学生的情感参与，而投影、计算机等便于学生行为参与。

4. 受控性

教学媒体的受控性是指教学媒体接受使用者操纵的难易程度。有的媒体容易控制，如录音、录像、投影；有的则不容易控制，如电影、电视。

5. 接触面

教学媒体的接触面是指教学媒体把信息同时传递到学生的范围。不同媒体的接触面不同，如电视和无线电广播接触面很广，而幻灯、录像、板书只能限制在一定的空间范围。

四、教学媒体的功能

各种教学媒体在教育教学中表现的教学功能不尽相同，但是，从教学信息的呈现与师生相互作用角度来说，各种教学媒体的教学功能如下所述。

①学生接受的教学信息更为一致，教学信息传递更加标准化、规范化。

②教学活动更加有趣。丰富多彩的表现形式使教学活动更加有趣，从而激发学习者的学习动机。

③提供感性材料，加深感知深度。多维度、全方位的学习内容展现，使学习者对学习内容的理解更到位、更透彻。

④提供有效的交互。智能化的学习软件和环境，使师生之间、学生之间、人机之间的信息交流更快捷，而且没有地域的限制。

⑤提供高效的信息处理技术，可以提高教学效率和学习质量。

⑥有利于个别化教学。智能化的学习软件、网络化的学习资源和学习环境，为学习者的自主学习提供了便利，使学习成为十分个性化和自由化的事情。

⑦促进学习者发现和探询学习活动的开展。信息技术能够为学习者发现

和探询学习活动提供理想的、现实的和虚拟的环境和条件。

⑧促进特殊教育的发展。由于媒体能加强人们的感觉器官的功能，当有人出现某种感官障碍时，可以通过媒体来加强其他感官的作用而不影响其对信息的获取、加工和处理，从而使其具有和平常人一样的学习能力。

第二节　高职信息化教学环境

一、信息化教学环境概述及其作用

（一）信息化教学环境概述

教学环境是指影响教学活动开展的各种情况和条件的总和，主要包括教学设备、教室内外等物理环境，以及教学规范、教风学风、校风班风、人际氛围、师生关系等教学心理环境。

信息化是指充分利用以计算机技术为主的信息技术，开发利用信息资源，促进信息交流和知识共享，提高经济增长速度，推动经济社会发展转型的过程。教育信息化就是要在教育领域中广泛应用信息技术，开发丰富的教育信息资源，建设国家、地区、学校教育信息网络系统，培养掌握信息技术的教师队伍人才。构建信息化教学环境是教育信息化的重要内容。

新的信息与通信技术不断普及应用促使信息交流、处理与传递的时空阻碍性消失，在信息基础设施到达的地方信息可获得性趋同。这种趋同，对师生而言，是信息获取的平等性、对称性。信息化所造就的信息环境，既是开放的信息环境，也是一种对称的信息环境，具有开放性和对称性的特征。开放性是指信息资源不加限制地对学生全方位开放，学生可以自由地选择多样化的信息。对称性是指信息化设施为每个人提供了平等的机会，师生可以随时随地获取任何信息，在信息与知识的获取上，学生与教师可以是同步的、等量的。师生在这种信息化过程中共同创造出相应的信息化环境。

信息化教学环境是指运用现代信息技术创建的教学环境，是信息化教学活动开展的过程中赖以持续的情况与条件，包括信息化的教学设施、信息化资源和信息化背景下的社会心理环境等。信息化教学环境，从技术和活动方式的角度看，可以分为课堂教学环境、视听广播环境和网络教学环境等类型。从教育传播的角度看，教学环境的构成包括时间结构、空间结构和媒体设施等。

（二）信息化教学环境的作用

信息化教学环境的作用可以概括为以下几方面。

1. 优化教学管理

信息化教学环境能促使教师成为一名合格的教学组织者和课堂管理者，而不仅仅是信息内容的传递者。信息化教学环境可确保教师和学生之间保持一种更有活力的互动关系，更易于信息交流与共享；各种信息化教学系统的使用可让教师更容易进行教学数据处理，从而进行更有效的教学管理，进而有更充裕的时间对学习者进行研究，实施因材施教。

2. 创设泛在学习环境

为学习者创设泛在学习环境，提供自主学习资源，突破学习的时空限制，实现学习内容的自主选择，满足个性化学习的需要。

3. 促进特殊教育的发展

对于那些身体器官存在问题的学生，教学媒体的使用可以根据其特殊性将教育调整、设计到最佳状态，实实在在地去扩大适应他们特性的知识领域或经验。如对于视力障碍的学生，听力训练媒体为他们提供了方便和帮助。

4. 提供多形式学习材料

合理地使用多种媒体提供多种形式的学习材料，可以创建比较好的学习情景；对教学信息提供多维度的呈现，可帮助学生加深感知深度，理解教学内容，达到更好的意义建构。

5. 改进教与学中的发现和询问方法

当学习者在接受媒体传送的信息时，如观看教学录像，他们先观察信息内容中呈现的各种关系，再发现和解释这些关系，并可引起或诱发询问与信息有关的直观经验。

二、信息化教学环境的种类

（一）校园网

校园网是指校园内计算机及附属设备互联运行的网络，由计算机、网络设备和相关应用软件等构成的为学校教育教学和管理服务的集成应用系统，其通过与广域网的互联实现远距离信息交流和资源共享。具体来说，校园网应为学校的教学、管理、日常办公、内外交流等各方面提供全面、切实的支持，它具备教师备课功能、学生学习功能、教务管理功能、行政管理功能、教育装备（含图书）管理功能、资源信息功能、内外信息交流功能等，实现教学信息显示多媒体化、信息传输网络化、信息处理智能化和教学环境虚拟化。校园网的建设与应用正越来越多地被学校作为实现教学改革、提高教学质量以适应信息时代对人才培养需求的重要条件。

校园网可通过中国科研网或电信网等公用网接入互联网，具备教学、科研、管理、通信等多种功能，可实现校园内外和国内外的教育资源共享。具体来说，就是实现信息资源和软硬件资源共享，提供丰富的网络信息服务，以推动教学、管理等部门管理方式的信息化，进而实现教学管理网络化、日常管理办公自动化。例如学籍管理、课程安排、人事管理、业务管理、教育教学信息查询等，并实现与互联网的通信和资源共享，具有校园网上视频点播、视频广播、电子图书馆、视频会议、远程教学等功能，为学校教学、科研提供信息化教学环境，给教师的备课、课件制作、教学演示，学生的交互式学习、练习和考试提供便利。

（二）教育电视系统

电视系统是指使用电视媒体进行信息传输的体系。教育电视是指从教育、教学需要出发，根据教育目的和教学目标，为一定的教育对象而摄制，并以实现教育方针为主要任务的各种科技、文化教育的电视节目，具有教育性、科学性和艺术性的特点。教育电视系统是指使用电视媒体进行教育电视节目制作与传输的体系，一般包括教育电视节目制作系统和教育电视节目传输系统两部分。节目制作系统主要有演播系统、外景节目制作系统、非线性编辑系统。节目传输系统通常有开路广播电视系统、有线电视系统、卫星电视系统等。教育电视系统有利于扩大教育规模，便于实施终身教育、业余教育等；能发挥并推广优秀教师的示范作用；便于使用实物、图表及动画等提供的直观形象进行教学；电视节目的储存、重放、接收过程简单，易于推广。

（三）远程教学系统

远程教学一般是指具有以下特征的教学形式：学习者与教师在地点上分离；实施有组织的教学项目；应用远程传播媒体系统；有双向交流的渠道。简单地说，远程教学是师生凭借传播媒体所进行的非面对面的教学。远程教学可以实现个性化、因材施教的教学方式，它突破了传统学校教学的局限，为学习者提供了时间分散、自由安排学习、资源共享、地域广阔、交互式的学习方式，为终身学习提供了适宜的环境和条件。

远程教学系统是与面授教学系统并列的一种教学系统。丁兴富在《远程教育学》一书中写道："远程教育系统和传统教育系统与社会环境之间的投入和产出不尽相同，即这两种系统的招生对象和培养目标不尽相同，这两种系统的资源条件和基础设施也不尽相同，于是这两种系统的教与学子系统的结构和功能也并不完全一样，即它们的教与学的组织结构、运行过程、方式方法和战略策略等都不完全一样。"

从远程教学系统的构成要素看，远程教学系统可简要分解为课程和学生两个子系统：课程子系统处理与课程开发相关的运行活动，主要包括多种媒体课程教学材料的设计、制作、发行和接收；学生子系统处理与学生相关的运行活动，主要包括对学生的各类学习支持服务活动和各种学习过程进行管理。

从远程教学的传播技术看，远程教学系统包括基于电视广播、语言广播的广播教学系统；基于互联网的实时的和虚拟的集成学习环境的远程网络教学系统；基于视频会议系统与互联网相结合的，或者基于卫星传输与互联网传输相结合的综合远程多媒体网络教学系统。从信息化发展的趋势看，与互联网结合的远程教学系统是目前发展的主流。其从资源共享的角度出发，利用网络为师生提供虚拟的教室，师生可进行双向实时沟通，教师可以通过联网计算机指导学生的学习、参与讨论、解答疑问、更新教学软件，并定期对学生的学习情况进行检查和统计，根据反馈信息调整教学内容和教学方法；教师根据教学需要，把自己的教学内容放在网上，为尽可能多的学习者提供服务；学生可以在任何时间、任何地点通过网络听课；师生之间以语音、图像等多媒体的方式进行实时交流，如同在同一教室中一样，可以取得良好的学习效果。

这样的远程多媒体网络教学系统其实就是一个整体的信息化学习解决方案。一般包括：在线学习及管理系统、课件制作系统、在线同步音视频课堂系统、录播室、配套的网络设备及服务器等，可以实现在线学习课程、学习管理、资源管理、课件制作、在线同步音视频课堂录课等功能。

（四）多媒体教学系统

多媒体教学系统由多媒体计算机、数字视频展示台、中央控制系统、影碟机（DVD）、音响设备、液晶投影机、投影屏幕等多种现代教学设备组成。教师可以通过操作计算机（系统主机或教师自带接入的手提电脑）和数字视频展示台等设备演示文本、图形、图像、声音等辅助教学，从而丰富了黑板加粉笔的教学手段。其功能包括：利用计算机演示多媒体课件；播放 DVD 等音像教学内容；利用校园网或互联网，调出需要的教学资料；利用数字视频展示台将作业、教材、图表、图片、实物，以及教师即时书写的文字、画图投影到银幕上进行教学。

（五）多媒体网络教室

多媒体网络教室是配备了多媒体教学系统的计算机网络教室，提供一个能进行多学科的授课环境及学习平台，充分利用多媒体视觉、听觉同步教学的手段，可实时利用互联网的学习资源，使学生的多种感官参与学习，提高了知识理解与意义建构的效率，促进了师生之间的信息交流、资源共享和教学合作。教师可以进行广播教学、学习转播、监视监听、个别对话指导、遥控辅导、电子黑板、分发信息资源、作业批改，还可以进行示范教学、听力教学、语音教学（具有多媒体语言室的部分功能）、网上教学等。学生可以通过互联网、校园网，使用各种教学资源库中的资源进行个别化、自主化学习和测试。

多媒体网络教室系统的组成包括以下几个部分。

1.多媒体显示系统

多媒体显示系统由高亮度、高解析度的液晶投影机和电动屏幕构成，完成对各种图文资讯的大屏幕显示。

2.多媒体 A/V 系统

A/V 系统由计算机、DVD、实物展台、功放、音箱等 A/V 设备构成，完成对各种音像、实物图文信息的播放功能，实现现场扩音、播音，配合大屏幕投影系统，提供优良的视听效果。

3.多媒体中央控制系统

利用中央控制系统，实现多媒体网络教室各种电子设备的集中控制。

4.计算机网络教室

由教师机、学生机、网络设备等组成教室局域网，并和校园网、互联网相连，师生可随时使用校园网和互联网上的学习资源。

（六）微格教学系统

微格教学，又称"微型教学"，它是由美国斯坦福大学艾伦教授等人创立的一种利用现代教学技术手段来培训教师的实践性教学方法。艾伦教授认为，"它是一种缩小了的可控制的教学环境，它使准备成为或已经是教师的人有可能集中掌握某一特定的教学技能和教学内容"。具体来说，微格教学是训练师范生掌握课堂教学技能的一种培训方法，它是一个操作性很强的、可控的实践系统，其将复杂的教学过程中的教学技能进行科学分类，然后逐一对每类教学技能单项单独进行训练。在按规定的教学目标进行有目的的教学实践的同时，利用视听技术手段进行实况记录，随后重播实况，使试教者和评议者都能更客观地评价试教者的教学行为。

1. 将教学技能分类

将教学技能分解成若干个环节。学习教学技能分类及其评价指标体系，理解每类教学技能的性质、功能特点及其评价方法。

2. 确定训练项目和内容

确定训练项目和训练内容，组织观摩微格教学片或进行现场教学示范，并组织学习讨论。

3. 编写微型课教案

学习者根据技能训练目标选择片段性课程内容，进行教学设计，编写微格教案，一般每个技能练讲 10 分钟左右。

4. 角色扮演，模拟教学实践

一人扮演教师登台试教，其他人扮演学生，组成"微型课堂"，每个微型课堂一般 5 ～ 10 人。在微格教室内进行模拟教学实践，主要训练掌握目标规定的某项教学技能，并在试教实践过程中，利用微格教室的视听设备记录试教过程。

5. 反馈评价与分析

通过视频系统重播录像内容，指导教师组织学生进行讨论，对试教训练进行反馈评价和分析，试教者自身也能作为第三者通过观看自己的试教录像，更客观地评价自己的教学行为。

6. 修改教案，重新试教

根据反馈意见修改教案，重新组织试教并进行再评价。单项教学技能训练告一段落后，要有计划地展开综合教学技能训练，直至各种教学技能融会贯通。

由此可见，微格教学具有训练目的具体化、训练课题微型化、技能操作规范化、记录过程音像化、观摩评价及时化、评价过程客观化和参与训练机会多等特征。

第三节　高职信息化教学资源

教学资源泛指为教学活动开展提供支持条件的、服务于教学活动和学习活动的各种信息、物质和人力资源，是一切可以利用于教育教学的物质条件、自然条件、社会条件以及媒体条件，包括教学资料、教学环境等组成部分。教学资料是蕴涵了大量教育教学信息的各类信息资源。教学环境包括支持学习者有效学习的内外部条件（如设施、人员），教学互动过程中所形成的氛围。教学环境是运用各种教学资源开展教学和学习活动的具体情境，是教学互动得以有效进行的特定场域。

一、信息化教学资源概述

（一）信息化教学资源的内涵

教学资源作为构成教学系统的基本要素，是指教学系统中支持整个教学过程达到一定的教育目的、实现一定教学功能的各种资源。

信息化教学资源，是在教育信息化背景下提出的概念，通常包括信息化教学环境资源和信息化教学信息资源。信息化教学环境资源是指构成教学系统的各种信息化设施，如多媒体计算机及其相关设备、网络及相关设备、数字化音视频设备、通信设备等。信息化教学环境包括信息化学习设施、资源库、学习平台和工具。

信息化教学资源是指经过数字化处理的、能在以多媒体计算机及网络技术为核心的数字化设施上运行的各种教学信息资源，包括媒体素材（含文本、图形/图像、音频、视频和动画）、试题库、试卷、课件与网络课件、案例、文献资料、常见问题解答、资源目录索引、网络课程、电子图书、工具软件等。

一般认为，信息化教学资源更多的属于信息资源的范畴，是经过选取、组织使之有序化的、适合学习者自身发展的数字化教学信息的集合。本节所讨论的信息化教学资源主要是指蕴涵了大量的教学信息、能创造出一定的教育价值、以数字化形式在计算机、互联网等信息化教学系统上传输的信息资源。信息化教学资源包括教案学案、教学图片、教学视频、教学音频、教学动画、教学试题、教学课件、各种专业数据库、各教育教学网站，等等。

信息化教学资源的发展经历了多个阶段。20世纪90年代以前，信息化教学资源主要是国外引进的初级CAI软件；20世纪90年代初，题库和学校管理软件大行其道；1995年以后，随着多媒体技术的迅速发展，多媒体电脑进入学校，光盘多媒体软件得到了长足的发展，"备课系统"和"多媒体课堂"等是这一时期的产物；1998年以后，我国"校校通"工程启动，中小学开始建设校园网，校园网软件和多媒体教育资源库等得到了高度的重视和发展；目前电子书专题学习网站、学科教学网站、网络课程、网络教学软件和平台，以及各种多媒体教学资源管理系统和移动学习设备等都在快速发展，极大地丰富了学习资源，为泛在学习提供了必要的信息资源。

（二）信息化教学资源的特点

与传统的教学资源相比较，信息化教学资源有着自己的特点，主要表现在以下几方面。

①信息资源呈现形式多媒体。信息化教学资源的呈现往往是多媒体形式。

②信息资源获取便利性。师生通过搜索引擎快速查找并获取所需的信息资源。

③信息资源远程共享性。可通过互联网共享教育信息资源。

④信息资源更新便捷性。可即时创造或更新现有的信息资源。

⑤信息资源内容的广泛性。信息资源数量庞大，类型多样，内容丰富。

⑥信息资源增值生成性。信息化的设施使每个信息内容的使用者都是信息内容的制作者。比如维基百科，任何人只要能连上互联网，都可以在"编辑本页"的链接下编辑维基百科的大部分内容。每个人可以自由地添加信息、参考资料来源或注释，不用担心在添加信息时出现差错，因为其他编辑者会适时地提出建议或修复错误。

二、信息化教学资源类别

根据《教育资源建设技术规范（征求意见稿）》，我国目前可建设的信息化教学资源主要包括九类，分别是：试卷、案例、试题库、媒体素材（含文本、图形 / 图像、音频、视频和动画）、文献资料、网络课程、常见问题解答、资源目录索引和课件与网络课件。另外，还可根据实际需求，增加其他类型的资源，如电子图书、工具软件和影片。

（一）试卷

试卷是用于进行多种类型测试的典型成套试题。

（二）案例

案例是指由各种媒体元素组合形成的有现实指导意义和教学意义的代表性事件或现象。

（三）试题库

试题库是按照一定的教育测量理论，在计算机系统中实现的某个学科题目的集合，是在数学模型基础上建立起来的教育测量工具。

（四）媒体素材

媒体素材是传播教学信息的基本材料单元，可分为五大类：文本、图形 / 图像、音频、视频和动画。

（五）文献资料

文献资料是指有关教育方面的政策、法规、条例、规章制度，重大事件的记录，重要文章，书籍等。

（六）网络课程

网络课程是通过网络表现的某门学科的教学内容及实施的教学活动的总和，它包括两个组成部分：按一定的教学目标、教学策略组织起来的教学内容和网络教学支撑环境。其中网络教学支撑环境特指支持网络教学的软件工具、教学资源以及在网络教学平台上实施的教学活动。网络课程顺应人们需要终身学习这一趋势，给人们随时获取新知识提供了便利和强有力的支持。

信息化教学资源可以按其应用形态分为十五类：课件与网络课件、案例、操作与练习、虚拟实验、微观世界、教育游戏、电子期刊、教学模拟、教育专题网站、研究性学习专题、问题解答、信息检索、练习测试、认知工具和探究性学习对象。

（七）常见问题解答

常见问题解答是对某一领域常出现的问题给出的解答。

（八）资源目录索引

列出某一领域中相关的网络资源地址链接和非网络资源的索引。

（九）课件与网络课件

课件与网络课件是对一个或几个知识点实施相对完整教学的用于教育、教学的软件，根据运行平台划分，可分为网络版的课件和单机运行的课件。网络版的课件能在标准浏览器上运行，并在网络教学环境中共享。单机运行的课件可通过网络下载后在本地计算机上运行。

三、检索与获取信息化教学资源

（一）检索信息化教学资源

信息化教学资源常用浏览式、搜索引擎、专业数据库、专业网站或学科教学网站进行检索。

1.浏览式检索

通过在互联网浏览，偶然发现所需信息或相关链接。这需要我们在日常的网络生活中，做个有心人，偶然发现，顺"链"而入，分类累积，可以获得意外的惊喜。

2. 搜索引擎检索

（1）百度

百度的基本搜索语法和高级搜索语法，包括引号（英文状态下）、+、-、or、文件类型参数等。

引号的用法：将关键字打上引号后，把引号部分作为整体来搜索。如果输入的查询词很长，百度在经过分析后，给出搜索结果中的查询词，可能是拆分的。但给查询词加上双引号后，百度搜索就不会拆分查询词。例如，搜索"教育传播与技术"，如果不加双引号，查询词会被拆分，搜索结果可以是包括很多教育传播的网页和技术的网页；但加上双引号后，"教育传播与技术"就作为一个不可拆的整体，搜索结果只包含关于"教育传播与技术"的内容。

加（+）、减（-）号的用法：加号是搜索同时包含两个关键字的内容，相当于空格和 and。减号是让某一关键字不要出现在搜索结果里面，相当于空格和 not。使用加、减号时，要在加、减号前面加空格，否则它们会被当作搜索的查询词来使用。

or 的用法：如果想用或的方法搜索两个或更多关键字，可以用 or 语法，比如"教育 or 技术"，在搜索的结果中就可能出现其中的一个或两个关键字。

文件类型参数：如果只想查找某个特定类型文件中的资料，而不要一般网页，只需在搜索关键词后面加上"filetype：文档类型"即可。目前百度支持的文档类型包括 PDF、DOC、RTF、XlS、PPT、RTF、ALL（百度支持的所有文档类型）。例如，数字化学习 filetype：pdf，指搜索包含关键词"数字化学习"的 pdf 文档。

（2）谷歌

谷歌的基本搜索语法和高级搜索语法，包括引号、+、-、or、文件类型参数等，与百度类似。这些基本搜索语法，可以大大提高搜索效率。

在谷歌首页搜索框下面，有个"手气不错"按钮。按下"手气不错"按钮将自动进入谷歌查询到的第一项结果，不再显示往常搜索结果的网页列表，而是直接地显示被认为是与查询最相关的网页，也就是第一项结果，而看不到其他的搜索结果。使用"手气不错"进行搜索表示用于搜索网页的时间较少，而用于检查网页的时间较多。例如，要查找 E-learning 的网页，只需在搜索字段框中输入"E-learning"，然后单击"手气不错"按钮，谷歌将直接进入它所搜索到的第一个关于 E-learning 的网页。

谷歌的实用搜索技巧，还有带文件类型参数的搜索和分类搜索。

带文件类型参数的搜索是指按查找文件类型进行的搜索，这是非常有效的搜索技巧。其基本格式是：filetype：文件类型"关键词"，这样就可以搜索带有"关键词"的文件类型所规定的格式的那一类型文件。

例如，要查找包含关键词"e-learning"的 pdf 文件，则只要在谷歌里键入 filetype：pdf "e-learning"，然后单击"Google 搜索"，即可得到包含关键词"e-learning"的 pdf 格式文件的网页列表。

谷歌的分类搜索也非常实用。例如网页、图片、地图、新闻、图书、博客，单击"更多"会出现更多的类型可选项。方法是输入搜索词后再选择类型，之后进行搜索即可。

3. 专业数据库检索

从中文到外文，有很多专业数据库。例如中国知网上就有中国学术期刊总库、博硕士论文库、报纸库等多个专业数据库。

4. 专业网站或学科教学网站检索

目前，可以利用很多专业（专题）网站或学科教学网站进行检索，每个学科都有很多相关的网站，通过访问这些网站，可以获得许多相关的信息资源，满足个人的信息需要。例如 K12 网站、教育技术通讯网站、惟存教育网站等。

此外，还可以利用专业搜索软件进行信息检索。

（二）获取信息化教学资源

查找到相关资源后，即可下载获取该资源。下载的方法有很多，常用的有以下几种方法。

1. 网页另存

打开要下载的网页，点击"文件"菜单，从下拉命令列表中选中"另存"，选择保存位置后单击"确定"，即可下载该网页供以后使用。如果需要网页中的部分内容，则可以直接选中需要的内容，使用复制、粘贴的方式获得文本。如果需要禁止复制文字的网页，可使用查看源代码方法进行复制。对网页中的图片、gif 动画可以使用复制、粘贴的方式获得，也可以单击图片或 gif 动画进行另存即可。

对于 Flash 动画和视频的下载，则可通过查看 Internet 临时文件，找到想要的 Flash 动画文件或视频文件，复制、粘贴到自己的素材文件夹里即可；有的 Flash 动画和视频可以直接使用迅雷等软件下载。

2. 离线浏览器

离线浏览器是按用户的要求将网站内容从网络服务器下载到用户硬盘上的软件。如果对某个网站内容很感兴趣，或者想要日后不用上网也能浏览该网站内容，就可使用离线浏览器在自己的计算机上建立镜像站。当网站内容全部存储到自己的硬盘上时，就可以不受时间限制、不用上网，随意浏览网站内容。实现离线浏览的工具有很多，比如Frontpage2003的"网站导入"功能就能把互联网上的网站导入到计算机硬盘上，从而实现离线浏览。

3. FTP 文件传输

FTP文件传输，是指将文件从一台计算机发送到另一台计算机，传输的文件可以包括电子报表、声音、编译后的程序以及字处理程序的文档文件。如果用户要将一个文件从自己的计算机发送到另一台计算机，就使用FTP上传（Upload）。一般情况，用户使用FTP下载（Download）或获取（Get）下载和管理文件，可以删除文件、移动文件、对文件更名。

"文件传输协议"是互联网上使用非常广泛的，为用户传输文件而制定的一种通信协议。如果在相连的两台计算机上进行FTP文件传输，必须在用户计算机上安装FTP客户端软件，在服务器上安装FTP服务器端软件。客户端FTP软件使用方法很简单，启动后首先与远程主机建立连接，然后向远程主机发出传输命令，远程主机在收到命令后就给予响应，并执行正确的命令。

目前Windows系统中最常用的FTP软件是CUTEFTP。FTP有一个根本的限制，如果用户在某主机上没有注册，就没有获得授权，即没有用户名和口令，就不能与该主机进行文件传输。但匿名FTP服务器除外，它允许用户以Anonymous作为用户名，以E-mail地址作为密码来登录，获取免费资源。

4. 多线程断点续传软件

"多线程"是将一个下载文件分成多个部分同时下载。单线程一次下载文件的一部分，而多线程可以同时下载一个文件的多个部分。"断点"是指下载文件过程中任务被暂停的位置。"续传"就是当一个未完成的下载任务再次开始时，将从上次的断点继续传送。比如文件下载到70%时中断，再下载时将从70%处继续下载。多线程断点续传软件有很多，比如快车、迅雷、BT。当下载的文件很大时，使用这些软件进行下载，速度会更快。

第五章　高职信息化教学模式

随着计算机、多媒体、网络和人工智能技术的快速发展，信息技术对社会的各个领域均产生了重大影响，特别是改变了人们的教育与学习方式。信息化教学是现代信息技术与教育教学实践结合的产物，改变了传统教学观念、教学方法及教学模式等。本章主要从信息化教学模式概述、高职信息化教学模式存在的问题、高职信息化教学模式与传统教学模式比较、大数据环境下高职信息化教学模式研究和高职信息化教学的典型模式与案例等方面进行深入研究。

第一节　信息化教学模式概述

高职教育在信息化时代毫无疑问地被刻上了信息化的时代印迹，信息化教学同样对高职教育领域产生了重要影响。

一、教学模式的定义

模式是依据一定的理论基础表征现实活动和过程的一种模型或形式。一种模式蕴涵着某种显现的或潜隐的理论倾向，代表某种对象活动结构或过程的范型。一般通过数学、图形或文字的方式，以一种简洁的形式再现对象的活动结构和操作程序，是处于理论和实践经验之间的中介，充当沟通理论与实践的桥梁。

模式有三个显著的要点。

①模式是现实的再现，即模式是现实的抽象概括，来源于现实，终归于指导现实的改变。

②模式是理论性的形式，是一种理论，而非工艺性方法、方案或计划。

③模式是简化的形式，是高度抽象概括后以简约明了的方式表达出来的。

教学模式是指在学习环境设计理论与实践框架指导下，为达成一定的教学目标而构建的教学活动结构和教学方式。教学模式是将学习环境设计理论转化为具体教学活动结构和操作程序的中介。一方面，教学模式的构建要自觉遵循学习环境设计理论；另一方面，要根据具体的教学实践情境，确定相应的教学活动结构和操作程序。教学模式的上位概念是学习环境设计理论，下位概念是教学策略、方法和技巧。

教学模式具有如下显著特征。

第一，原型是对教学活动方式的抽象概括，源于教学活动经验。成熟的教学模式的基本结构相对稳定，但不等于公式，一成不变，而是一个开放的和不断完善的动态系统。

第二，模型是各要素及其相互关系结构化、简约化的表达方式。教学模式是对理论基础、目标、条件、策略/方法和评价的有机整合，是对教学的空间关系和时间关系的系统概括。在空间上表现为多要素的相互作用方式，在时间上表现为操作的过程和顺序。

第三，在一定的范围内，教学模式具有一定的代表性和示范性。任何教学模式都具有一定的适用范围，有其独特的运作条件和系统的策略/方法。

教学模式有五个基本构成部分，即理论基础、目标倾向、实现条件、操作程序和效果评价。具体来说，教学模式以哲学、心理学、文化学、教育学和技术学等为理论基础，针对特定的教学目标而构建，教学模式是各种条件（如教师、学习者、内容、技术、策略、方法、时间和空间）的优化组合结构，具体教学活动程序可以根据实际的教学情境而灵活变通。因目标、程序、条件等方面的不同，每种教学模式有不同的评价标准和方法。

二、高职信息化教学模式发展历程

从现代化的角度看，始于20世纪40年代的第三次科技革命推动发达工业国家在20世纪50—70年代先后完成了第一次现代化，人类社会由工业时代进入了知识经济时代，开始了第二次现代化进程。高职教育也在教育的民主化、终身化和现代化的趋势中，进入了信息化发展时期，成为教育信息化的重要组成部分。

1999年联合国教科文组织召开了第二届国际技术与职业教育大会，为21世纪第一个10年设计了行动计划，包括将职业教育作为终身教育体系的重要组成部分、进行职业教育课程改革、进行全民职业教育、完善政府等部门的角色以及加强国际合作等方面，成为各国改革与发展职业教育的依据。2006年，美国颁布并开始实施《帕金斯法案》，该法案以更全面、充分地发展接受中等和中等后职业教育的学生的学业和职业技术技能为目标，全面体现了"从学校到工作"到"从学校到生涯"理念的转变。2002年欧盟启动了"哥本哈根进程"，旨在加强各成员国在职业教育与培训领域的合作，并于2008

年 4 月推出了欧洲职业教育与培训学分系统。这些措施是对知识社会中职业教育信息化、终身化发展态势的回应。

我国自 1978 年以来启动了社会主义现代化建设进程，40 年来，我国职业教育事业发生了重大变化，一个学历教育与职业培训并举、形式多样、灵活开放、有中国特色的职业教育体系框架已基本形成，极大地提高了我国劳动者的素质，明显地改善了我国从业人员的结构，有力地支持了我国社会主义现代化建设，在我国现代国民教育体系和终身教育体系建设中，发挥着极其重要的作用。在高职教育信息化方面，积极构建高职教育信息化的国家主干网络。高职教育信息化初期，由于高职院校校园局域网的网外运行受制于网络运行空间、运行速度、运行成本等诸多因素的影响，高职院校校园网是局域网性质，实现的是校园内部的数字化教学与管理，"信息孤岛"现象严重。近年来，高职教育信息化的国家主干网络初步建成。2002 年建成了"中国职业教育与成人教育网"门户网站。国家级重点中等职业学校评估管理信息系统、全国中等职业学校毕业生就业信息服务平台、全国中等职业学校学生管理信息系统等专业网络陆续开通和使用，职业教育系统办公信息网的架构基本建成。同时，大力开发职业教育信息化的课程资源。教育部面向全国中等职业学校、职业教育科研机构和有关出版单位征集评选优秀多媒体课件，并将征集到的优秀课件公布在国家级相关网站，供全国职业学校师生学习和使用。此举是加快职业教育课程资源建设的重要举措，在这样的背景下，高职教育信息化成为时代的必然选择。

职业教育的本质是在专门学习场所或工作场所通过信息传递来促进人的职业素质发展的实践活动。《中华人民共和国职业教育法》明确提出："职业教育是国家教育事业的重要组成部分，是促进经济社会发展和劳动就业的重要途径……培养目标应以培养社会大量需要的具有一定专业技能的熟练劳动者和各种实用人才为主。"职业教育的主要特点体现在以下两方面。

（一）区域性

职业教育的区域经济功能已经成为推动职业教育发展的根本动力，并且职业教育真正承担起了推动经济发展的重任。因此，职业教育必须针对本地区经济社会发展的状况，针对岗位需求状况，开展教学工作，以便更好地服务于地方经济。

（二）时代性

职业教育是培养生产、技术、管理和服务第一线的高素质技能型专业人才的教育，这就要求职业教育必须及时关注新技术、新工艺，及时在培养目标、课程开发及专业设置等方面做出积极调整，这无疑使职业教育具备了鲜明的时代特色。

在终身教育的时代诉求和职业教育特点的要求下，信息技术成为职业教育内涵式发展和现代化进程中的重要支撑力量，职业教育的信息化程度与深度直接影响着职业教育的质量与长远发展。职业教育信息化教学模式是职业教育信息化过程中的重要方面，运用信息化教学模式，提升职业教育教学质量是职业教育发展的关键环节。

职业教育信息化教学模式是指在学习理论与实践框架指导下，在信息技术的支持下，为促进人的职业素质发展而构建的教学活动结构和教学方式。它是学习理论与具体的职业教育教学活动之间的中介，是理论向实践转化的桥梁，而支撑这个桥梁的重要支柱就是信息技术。职业教育信息化教学模式的表层特征是信息技术在职业教育教学实践中的应用，深层特征则涉及职业教育的人才培养观、终身教育与学习观、技术应用与创新观等方面的变化。

三、高职信息化教学模式的特点

（一）实用性

信息化教学模式下的教学可以运用多种媒体，如文本、声音、图像、动画和视频，这些媒体的运用不仅能扩大知识信息的含量，还能使学生对学习的内容产生浓厚的兴趣，提高学生学习的积极性。多种媒体的运用可以充分调动学生的多种感官，为学生提供一个良好的学习情境。对于以促进人的职业素质发展为宗旨的职业教育来说，信息化教学模式所体现出来的实用性使得教学绩效大大提升。

（二）协作性

计算机网络特性有利于实现协作式学习，培养学生的合作精神和意识，并能促进高级认知能力的发展。在网络环境中，不同的学习者通过相互协助、相互竞争或角色扮演等多种不同的形式来参加学习。通过学习者之间的协商和辩论，每位学习者的思维和智慧为大家所共享，从而有助于每个学生从不同的侧面加深对当前所学知识的理解、掌握和运用，并对高级认知能力的发展、合作精神的培养和良好人际关系的形成有着明显的促进作用。

（三）高效性

改变传统教学模式、建立新型教学模式就是为了追求最优化的教学。信息技术的发展使人类生活的方方面面都有所改变。在教育领域，技术被用来支撑高级的心智过程，当技术成为学生的认知工具时，能帮助学生用具体的方法来表征自己的思维，并使学生的推理过程可视化和得到验证，教学效果必将得到提升。尤其是现代网络、多媒体、人工智能、人机交互等计算机与通信技术的发展，为信息化教学模式的实现和增强提供了物质基础。

（四）开放性

信息化的教学模式可以依托校园网、互联网进行构建，使教学资源实现网络化的收集和管理。利用网络资源的共享性，教学资源的范围得到极大的扩展，使得课堂上的信息来源变得丰富多彩，教师和课本不再是唯一的信息来源，教学资源的搜索速度和利用效率也得到很大的提升。同时，教学媒体的交互性使得学生可以通过多媒体技术完整地接受和主动参与教学过程，自主地选择学习的内容和进度，并可以随时和教师、同学进行交流，这样使得网络上的教学资源可以不断地更新，有利于新知识、新技术、新观点的传播。

（五）创新性

信息时代的学生要提高自身的社会适应性和自我发展能力，必须不断地学习，拓宽自己的知识面。众所周知，互联网是世界上最大的知识资源库，它拥有最丰富的信息资源，而且这些知识库和资源库都是按照符合人类联想思维的超文本结构组织起来的，因而特别适合学生进行"自主发现、自主探索"式的学习。这样就为培养学生的信息获取、信息分析和信息处理能力提供了理想的环境，为学生发散性思维、创造性思维的发展和创新能力的孕育提供了肥沃的土壤。

（六）主动性

在信息化教学模式中，现代教育技术手段的加入，尤其是多媒体计算机和网络的加入，使学习者学习的方式变得多样化。在信息化教学环境中，教师的主要作用不仅仅限于提供信息，更多的是培养学习者自己获取知识的能力，指导学习者的学习探索活动，让学习者主动思考、主动探索、主动发现。在整个教学活动中教师有时处于主导地位，但更多的时候是课堂教学的组织者、指导者和促进者。学习者有时处于传递—接受的学习状态，但更多的时候是在教师的指导下进行主动思考与探索。教学媒体有时作为辅助教学的教具，但更多的时候是作为学习者自主学习的认知工具。所有这一切的中心都是学习者，从而有利于提高学习者学习的主动性和积极性。

四、高职信息化教学的基本模式

（一）课堂讲授教学

课堂讲授教学模式是最传统的一种教学模式，信息化条件下的讲授型教学模式对传统的讲授型模式有很大的改进，在教学资源的多样性和教学的互动性等方面取得了突破。该模式下教学资源多数是通过多媒体课件和校园网资源库等提供文本、声音、图像、视频等的集合体，不仅信息量大，而且内容丰富，可以真正实现以学生为中心的情景式教学。

新的讲授型模式可以分为两类。

1. 同步式讲授

这种讲授模式的框架与传统讲授模式的框架基本相同，但教学内容更加丰富、生动形象。教师在课前可以准备好各种教学材料，教学过程中以计算机多媒体演示的形式向学生授课，还可以通过网络视频会议的方式进行实时网络授课，通过软件实现随机问答。这种模式真正让课堂变得有声有色，极大地丰富了教学内容，增强了教学内容的表现力，能充分调动学生的各种感官，加深学生对学习内容的印象，真正提高了教学的效果。这种模式的可行性比较高，只要有一个比较通畅的校园网和功能齐全的多媒体教室，有比较丰富的多媒体教学资源，教师经过一定的培训就可以实现。这也是高职院校普遍采用的一种教学模式。

2. 异步式讲授

异步式讲授主要是教师按照教学要求将教学材料制成多媒体文件，存放到校园网络教学平台的教学资源库中，学生通过提取教学资源库中的资料进行自主学习，从而达到教学目的。当学生遇到疑问的时候，可以通过电子邮件或者其他的网络联系方式询问教师，教师给予解答。这种模式是一种完全的双向教学模式，可以随时在校园网上进行。在这种模式下，学生是学习的主体，教师只提供必要的指导。这种模式有助于提高学生学习的主动性，增强学生自我思考、自我解决问题的能力。

（二）探索学习模式

传统的探索学习模式是作为一种辅助的教学方式，而且由教师以权威者的角色组织，问题由教师提出，学生利用从教师和书本资料获得的有关知识信息，往往得出教师暗示、预设或直接提出的统一结论，很难达到探索学习的真正目的。信息化校园则可以为学生提供形式多样、内容丰富、大容量、交互性的供探索使用的学习资源。虽然教师的权威在其中有所削减，但有利于学生根据探索主题，从充裕的资源库中自由取用信息；有助于在教师的指导下，通过探索挖掘教师和每位学生的思想智慧，为群体共享；有益于整个学习群体共同完成对所涉问题的意义建构。在这种模式下，教师要做的就是确定某些由学生自己解决的问题，在整个过程中对学生不能解决的问题给予启发和提示。学生能快速、平等地从网络上获取学习信息，充分利用网络上的教学资源和智能化的教学环境进行探索发现。在解决问题的过程中，学生变以往的被动接受为主动探索，教师只给予启发和提示，而不是给学生做出结论。这种模式能使学生处于积极主动的地位，能有效地激发学生的学习兴趣和探索精神，鼓励学生的创造和发明，对于提高高职学生的创造能力有很大的帮助。

（三）模拟学习模式

模拟学习模式是指利用多媒体计算机技术生成一个具有逼真的视觉、听觉、触觉、嗅觉的模拟现实环境，学生带上特制的数据手套和头盔等进入虚拟空间，与这一虚拟的现实进行交互作用的一种学习模式。在这种虚拟现实的环境中，学生进行实验、操作和探索，效果与在相应的真实现实中体验的效果相似或相同，使其产生一种身临其境的感觉。例如训练宇航员、飞行员、驾驶员，采取虚拟现实训练法效果极佳，既逼真又安全，且经济、高效。据此原理，可设立虚拟实验室、虚拟科研所等，效果逼真。虚拟现实与现实教学相比，前者更接近真实，它没有教学过程的解说、指导等，而安全度却比真实现实高得多。但是，对硬件设备和资金支持要求比较高。

（四）个别自主学习

在传统的教学模式中，个别自主学习由于时间、场地等原因有很大的局限性。

在信息化的条件下，个别自主学习模式将得以充分实施。网络教育平台可以为学生提供一个集成化的学习环境，包括多媒体学习系统、辅助学习系统、实践环境和师生交互环境等，学生可以在各个教师开设的网络虚拟教室中选择自己喜欢的课程进行学习。学生完全可以按照自己的安排完成学习，自主地选择学习内容的难度、进度，并可以随时通过电子邮件或者论坛（BBS）和教师、同学进行交流。这样的方式有利于互相启发、互相帮助、开阔思路、共同提高。这种模式有别于传统的个别辅导，是学生在进行自主学习之后提出问题，教师为满足学生个体的需要而实行的一种引导，即是对学生自行构建知识意义实行的一种引导，学生在学习中的主体地位显而易见。

（五）小组协作研究

小组协作研究模式是指教师通过计算机网络和多媒体等教学信息技术向学生提供不同类型的学习和研究专题，多个学生可以通过互相协作或者角色扮演等多种不同的形式参加到专题中，通过校园网络提供的自由讨论区对专题进行交流，以达到对教学内容比较深刻的理解和掌握。在共同完成某个学习内容的过程中，既强调了学习的个体化，培养了学生的创造意识、科学的思维习惯、发现问题和解决问题的能力，有利于学生高级认知能力的发展，又实现了教师与学生思维和智慧的群体共享。

第二节　高职信息化教学模式存在的问题

一、教学目标单一化

传统教学效果快而明显，且易于教学开展。目前高职院校由于教育资源限制，人才的培养同质化现象严重。传统教学有教师的监督、情感交流，按照培养方法完成相应的教学活动。这种教学模式体现出一定的秩序性，易于教学开展，但在一定程度上限制了学生创新能力的培养。

二、评价机制单一化

高职院校信息化教学未能真正体现以学习者为中心，教学服务意识较差，应对不了学生群体的适应性需求，未能对个性化自主学习提供支持。传统教育评价的主体是教师，主要考核学生对知识的掌握程度，一般以学科知识考试的形式来进行，主要关注学习结果的评价，即学习结果的评价机制单一化现象严重，评价内容、评价方式单调，缺乏个性、多元和弹性，或者只能收集到片段化的评价信息，缺乏可靠的判断依据而过于依赖经验判断或者主观评价。

三、传统教学模式根深蒂固

传统教学主要依据奥苏贝尔的"学与教"理论，其内容涵盖"有意义接受学习"理论、"先行组织者"教学策略以及"动机"理论。教师按照自己的思路讲课，完成教学任务，学生处于被动接受的状态，缺少有效教学策略激发学生的学习兴趣，导致学生丧失了获取知识的能力和创新能力。

四、信息化学习环境有待改善

由于硬件、软件和管理维护问题，高职院校建设的实验教学中心和自主学习中心对学生学业的贡献度并不高，形成了"高科技、低效率"的尴尬局面。随着近期开放教育资源 MOOC 大量激增，清华大学推出国内首个可获得证书认证的 MOOC 项目，杭州师范大学已开展 MOOC 学分互认。MOOC 拥有了巨大的注册量，但课程完成率只有 5% ~ 10%。

第三节　高职信息化教学模式与传统教学模式比较

随着计算机信息技术的广泛应用和普及，教育信息化已成为教育发展和改革的一个突破点。信息技术在高职教学中的应用，不仅会促进现代职业教育理念和教学模式的转变，而且会促进高职教育教学方法和教学手段的变革。高职教学如何充分、科学、合理地应用信息技术，解决教学中存在的问题是值得我们探讨的。

一、信息化教学模式与传统教学模式

（一）信息化教学模式

信息化教学模式是符合现代教学思想的新型教学模式，以信息技术的支持为特征，并涉及现代教学观念的指导和现代教学方法的应用。在信息化教学模式下，教学活动要素之间的关系发生了改变，学生的主体地位得到强化，有利于发挥学生学习的主动性、积极性和创造性。信息化教学是以信息技术为基础的新的教学体系，包括教学观念、教学内容、教学资源、教学技术、教学评价等一系列的改革和变化。信息化教学以信息网络为基础，信息资源为核心，教学过程的设计和学习资源的利用为特征，培养信息化人才为目的，信息技术产业和信息化政策、法规、标准为保障。

（二）传统教学模式

长期以来，我国课堂教学的传统模式是传递—接受模式，即所谓传道、授业、解惑。这种模式的特点是以教师为中心，强调了教师的主体地位，有利于教师主导作用的发挥，有利于教师对课堂教学进行组织、管理和控制，但忽视了学生的主体地位，忽略了学生的主动性和创造性，把学生当作灌输的对象、外部刺激的接收器和前人知识与经验的存储器。传递—接受的教学模式使学生逐渐养成了一种被动的心态。这种教学模式容易产生两种现象：一种是学生对老师和书本盲目崇拜；另一种是学生对老师盲目抱怨，把学不好的责任全部推给老师。传统教学模式的最大问题是使学生的发散思维、逆向思维被束缚禁锢，敢于冲破传统的新思想、新观念被扼杀，久而久之，求知的积极性和勇气慢慢失去。这就等于移走了创新型人才赖以孕育和成长的全部土壤，而信息化教学模式为改变这种状况提供了可能性和可操作性。

二、信息化教学模式的优势

（一）有利于因材施教

计算机的交互性给学生提供了个性化学习的可能。学生可以通过多媒体技术完整呈现学习内容与过程，自主选择学习内容的难度、进度，并随时与教师、同学进行交流。在信息技术所构造的教学环境下，学生可逐步摆脱传统的教师中心模式的不利影响，由被动学习变为主动学习，有利于因材施教。

（二）有利于实现协作式学习

计算机网络特性有利于实现培养合作精神并促进高级认知能力发展的协作式学习。在网络的帮助下，学习者通过互相协同、互相竞争或角色扮演等多种不同形式进行学习，这对于问题的深化理解和知识的掌握运用很有好处，而且对认知能力的发展、合作精神的培养和良好人际关系的形成也有明显的促进作用。

（三）有利于创设理想的教学环境

信息化教学信息源丰富、知识量大。现代教育技术手段为课堂教学所提供的教学环境，使得课堂上信息来源变得丰富多彩，教师和课本不再是仅有的信息源。多种媒体的应用不仅能够扩大知识信息量，还可以利用课件等手段，通过直观教学充分调动学生的多种感官，为学生提供一个良好的学习情境，使学生巩固和加深对所学知识的理解和记忆。学生在学习某方面知识时可以通过教学媒体，自主获取非常丰富的学习资料和素材，有利于提高自主学习能力。

（四）有利于发挥学生主动性与积极性

现代教育技术尤其是多媒体计算机和网络引入后，教师的主要作用是培养学生获取知识的能力，指导学生的学习探索活动，让学生主动思考、探索、发现，从而形成一种新的教学模式。在这种教学模式中，学生有时处于传递—接受学习状态，但更多的是在教师指导下进行主动思考与探索；教学媒体可以成为辅助教学的教具和学生自主学习的认知工具；教材既是教师向学生传递的内容，也是学生建构知识和认知的对象。可见，这样有利于提高学生的主动性和积极性，有利于学生主体作用的发挥。

（五）有利于培养学生创新精神与处理信息能力

多媒体的超文本特性与网络特性的结合，为培养学生的信息获取、分析与加工能力营造了理想的环境。众所周知，互联网是世界上最大的知识库、资源库，它拥有最丰富的信息资源，而且这些知识库和资源库都是按照符合人类思维的超文本结构组织起来的，因而特别适合学生进行"自主发现、自主探索"式的学习，这样就为学生发散性思维、创造性思维的发展和创新能力的孕育提供了肥沃的土壤。

多年来，我国教育界的有识之士不是没有认识到填鸭式的传统教学模式的弊端，但由于长期的定势和认识习惯，使得许多所谓的创新和改革，常常仅仅是停留在改变一下讲授方法，制作一些手工教具模型等层次上。随着现代信息技术的迅猛发展，计算机网络多媒体已进入千家万户的日常生活，并极大地丰富了人们的文化物质生活，探索和发展基于计算机信息化的教学模式，也就成为教学模式改革的必然选择。

三、高职信息化教学模式的发展方向

信息化教学模式的巨大优越性是不言自明的。就其发展趋势而言，无论其以何种具体的名称或形式出现，它都应该是有着扎实专业知识和掌握了一定现代信息教学技术的教师和有着强烈的求知欲望和开阔的思维素质的学生的有机结合，都应该以培养富有创造力的全面的高素质人才为最终目的。信息化教学模式对其互动性、参与性和开放性的研究和探索是为了培养学生的主动性、积极性、创造性思维，使学生真正成为知识信息的主动建构者的目标的主攻方向。可以说计算机信息化教学模式的研究、探索和发展有着美好而广阔的前景，必将为我国的现代化教育事业和国家建设培养全面的富有创造力的高素质人才做出巨大的贡献。

第四节　大数据环境下高职信息化教学模式研究

2012 年，联合国发布大数据白皮书，明确提出大数据时代已经到来；我国国务院 2015 年 8 月印发《促进大数据发展行动纲要》的通知，探索发挥大数据对变革教育方式、促进教育公平、提升教育质量的支撑作用。近年来信息化教学模式研究已渐渐被关注，国家总理李克强将"互联网 +"上升到国家战略层面，将其纳入 2015 年《政府工作报告》中，随后学术研究者探讨"互联网 + 教育"。新媒体联盟与美国高校教育信息化协会联合发布的《2015 地

平线报告高等教育版》阐述未来五年极有可能影响高等教育变革的棘手挑战是教育模式的问题，此问题尚需更多数据分析和观点归纳来解决，这正是大数据急于解决的问题。大数据时代对人才的需求发生了深刻的变化，即未来的学习者应该是善于利用技术进行终身学习的创新型人才，而现存教学模式很难满足创新型人才培养的需求，所以需变革和重构现有的信息化教学模式。通过分析国内外高职院校信息化发展脉络和演进轨迹发现，大数据时代的高职教育已经从强调平台即服务、软件即服务转向强调数据即服务的新范式。翻转课堂、MOOC 和微课程的兴起形成了海量的数据，如何有效利用大数据技术促进信息技术与教育教学的深度融合成为重要议题，即构建基于大数据的信息化教学模式具有积极的理论和现实意义。

一、大数据环境下高职信息化教学模式界定

（一）大数据的特征与内涵

大数据具有 5V 特征：数据量大（Volume）、实时性强（Velocity）、种类多（Variety）、价值大（Value）、真实性强（Veracity）。大数据沿着"数据—大数据—分析和挖掘—发现和预测"的方向发展，重在对多维、异构数据的深度挖掘与科学分析，以寻求数据背后的隐含关系与价值。与从宏观角度来阐释大数据的应用前景和价值相比，更应从微观视角来理解大数据的内涵，即它是一种新的思维方式、一种新的解决问题的方法。

（二）高职信息化教学模式界定

研究信息化教学模式构成要素，首先必须界定教学模式的构成要素，而阐释构成要素的观点分为三要素说、四要素说、五要素说。三要素说：教学结构、教学过程、教学方法；四要素说：教师、学生、教学内容、教学媒体；五要素说：理论基础、目标倾向、实现条件、操作程序、效果评价。综合上述观点，将教学模式的构成要素分为：教育思想或理论、教学目标、教学程序、教学方法、教学结构五大要素。结合信息教学模式的特点，按照钟志贤教授定义中所说，信息化教学模式是教学模式在信息时代的新发展，是基于技术的教学模式，信息技术已变为支持学习的环境条件，学习环境成为信息化教学模式构建的必要因素，所以信息化教学模式构成要素包括教育思想或理论、教学目标、教学程序、教学方法、教学结构、学习环境。因此，大数据时代高职信息化教学模式，是指运用大数据的思维方式，利用大数据技术从各类学习环境中挖掘有意义的学习信息，并对信息进行存储与加工，进而形成稳定的教学活动结构框架和活动程序。

（三）教育大数据的发展

从大数据思维的角度来看，数据即信息，信息即知识的来源。数据需要产生、积累、存储、挖掘、分析、运用、转换等，其过程是数据、信息、知识的转换和价值的转换，结合大数据在教育领域的应用现状，进一步剖析教育大数据的演变过程。原始的教育数据只是教育大数据的基础，通过对采集到的各种数据进行教育数据挖掘，构建高职信息化教学模式，发现教育变量之间的关系，赋予数据相关意义，才能使数据变为信息；经过分析和综合，形成教育性知识；最后通过实践应用，教育性知识才能上升到智慧层次，为教学研究与教学决策提供指导。

二、大数据环境下高职信息化教学模式架构研究

2015 年 9 月，教育部办公厅颁发《关于"十三五"期间全面深入推进教育信息化工作的指导意见》，根据文件中规定的"十三五"教育信息化的基本原则，将大数据时代高职信息化教学模式改革的价值取向定位为数据驱动式教学，进而助推教学信息化、学习个性化、教学决策科学化、教学管理精细化。

依据信息化教学模式的构成要素，采用大数据技术支持的数据处理过程，高职信息化教学模式架构共阐释三个问题：一是"大数据从何而来"，从各级教育大数据中来；二是"大数据如何使用"，采用大数据处理技术进行分析；三是"大数据为何而用"，为完善信息化教学模式而用。

该模型主要由四部分组成：数据采集模块、数据处理模块、数据分析模块、数据应用模块。

（一）数据采集模块

数据采集的对象包括：国家层教育大数据、区域层教育大数据、学校层教育大数据、课程层教育大数据和个体层教育大数据。国家层教育大数据主要汇聚来自各区域的各种教育数据；区域层教育大数据主要来自各学校以及社会培训机构、在线教育机构，主要包括国家标准规定的教育行政管理数据，区域教育云平台产生的各种行为与结果数据；学校层教育大数据主要包括国家规定的学校管理数据；课程层教育大数据是指围绕课程教学而产生的相关信息，包括课程基本信息、学生信息、课程资源（视频资源、电子教材、实验资源）、课程考核等数据；个体层教育大数据包括教师与学生的个人信息、用户各种行为数据（包括学习记录、学习过程信息等）以及用户状态描述数据。

（二）数据处理模块

信息化教学环境中的海量数据结构类型复杂，而且数据预处理与格式转换开销大，致使传统的数据采集方法的利用效率偏低。针对这种情况，采用三种采集方法进行数据处理。第一种方式用分布式的存储架构来对数据进行处理，利用 RDBMS 存储结构化数据、HDFS 存储非结构化与半结构化数据。第二种方式是针对网络非结构化和半结构化数据，利用网络爬虫进行原始网页抓取。第三种方式是针对结构化数据，利用 Oracle 数据库导入的方式进行数据采集。

（三）数据分析模块

数据分析模块是高校信息化教学模式架构的核心模块，其主要功能是进行基于 Hadoop 平台的数据挖掘与分析。

数据分析工作主要包括两部分内容。

①海量数据的特征检索与匹配。

②在 Hive 平台上调用 Mahout 中的海量数据挖掘算法进行并行计算，获取大量数据间隐含的知识模式。

（四）数据应用模块

数据应用模块的主要功能是将数据分析模块的分析结果应用到学生的知识管理、内容管理、教学决策等方面。首先，区域或学校层面整合信息化教学与学生日常工作，目的是获得经过处理与分析的数据从而提升教师的教学决策能力。其次，将相应的教学活动与管理活动通过相应的软件进行数字化，将通过这些数据分析并推荐合适的解决方案。最后，实现学习资源的数字化，将其建立属性上的关联，并为学生推荐更为合适的学习路径。

三、大数据环境下高职信息化教学模式的实现路径

根据"数据是灵魂资产，分析和挖掘是手段，发现和预测是最终目标"的指导思想，按照基于大数据的高校信息化教学模式架构，总结高校信息化教学模式的实施路径。

（一）充分利用在线开放课程

将传统集体授课与大规模在线开放课程（MOOC）相结合，充分发挥 MOOC 的作用，对学生的学习内容、学习进程进行监控，记录学生的学习内容和学习行为。针对不同的学生个体，制订详细的课程教学计划，使学生按照适合自己的学习步骤进行学习，满足不同学生的需要，最大限度地提高学

生的能力。

按照布鲁姆的学习目标分类理论，学习需求分为：概念层次、理解层次和综合层次。在 MOOC 学习环境下，当学习者处于初学阶段，提供基础性的、概要性的、结构良好的知识。随着学习者的不断深入，对各层次知识进行分类和聚类，寻找关联规则并进行可视化处理。

①将具有相同兴趣爱好的人在学习社区中发动起来，促进学习者的知识进化与价值增值。

②改造现有学校课程教学系统。数字资源具有零复制成本特性，即建成后的数字资源，享用的人越多，数字资源的价值越彰显，而且可在不增加投入的情况下自动发挥增值效应。完善现有的学校课程教学系统，增加名师教学视频、网络测试题库系统等，规范化地记录学生学习信息。

③充分利用国内主流 MOOC 平台。学堂在线与中国大学 MOOC 平台等都推出了多门优质课程，其授课教师来自国内 985 高校，充分利用国内重点高校的教学视频资源，实现跨校的学习交互，从而促进学习者自主建构知识体系。

④按照学校的要求，联合企业共同研发符合教学实际的课程教学系统。

（二）实施以学生为中心的教学结构

大数据改善学习的三大核心要素是：反馈、个性化和概率预测。信息技术促使信息化学习环境的巨变，引发学习方式变革，激发学习者新的信息需求。学习者的学习活动演变成了高度协作的社会建构活动，学习者需求逐渐由过去的被动接受过渡到定制式的个性化服务。MOOC 与翻转课堂能够实现个性化学习构建，学生的笔记、作业、实验、讨论记录等，包括结果性数据和过程性数据，监测个体学习轨迹和过程，用这些数据分析出更多、更精确的数据，可为个性化学习奠定坚实的基础。

（三）培养具有数据分析能力的优秀教师

《国家中长期教育改革和发展规划纲要（2010—2020 年）》指出："强化信息技术应用，提高教师应用信息技术的水平，更新教学观念，改进教学方法，提高教学效果。"教师是数据驱动教学的发起者和组织者，优秀教师是高等教育的宝贵资源，拥有一定的数据挖掘基础知识是新常态下高职教师的必备条件。

①大数据时代的教师应根据国家政策，按照学校要求，积极感知学习者需求，培养自身的信息检索能力、知识推理能力和特定知识聚合能力。教师自身仍需丰富的知识储备，包括本体性知识、条件性知识与实践性知识，一

一般情况下将教师的信息化教学能力归于实践性知识范畴。

②高职院校应通过构建教师共同体的方式，积极开展教师培训，教授教师如何在复杂数据中寻找具有教学价值的内容。教师在信息化教学环境中，既要进行信息化教学实践，更应当具备数据分析能力，以适应大数据时代所带来的教育变革。

③教师作为学生和信息知识之间的主要媒介，需要适应大数据时代的要求，由"传道授业解惑者"转为"教学相长的引导者"。

④在专业理论教学中，占据较少的课堂时间，鼓励学生借助各种网络资源，以任务驱动方式，采取翻转课堂的教学形式，将实践教学环节和工作岗位教育理念融入课堂教学中，将理论知识、实践教学、工作岗位实践融为一体，这是大数据时代培养学生的重点。

⑤通过利用云计算整合教育资源，教师将工作重点转移到教学方法上，积极利用分组协作的方式，学生通过名师的教学视频学知识、学思维方式、学问题解决方法，为构建学习型社会打下坚实的基础。

（四）树立"大数据驱动信息化教学"理念

目前，用大数据分析驱动信息化教学的开展尚属较新的研究视角，其落地生根是复杂的系统工程，需要国家、高校及教师都树立正确的大数据理念，推动信息化教学模式开展。

①国家根据对各层教育大数据的分析，按照大数据发展战略，制定相关的具体实施政策。

②学校的教育管理人员通过数据分析哪些教育项目有利于提升学生的学习效果，从而进一步推广。

③培养教师"数据驱动教学"和"教学数字化"的理念，要求革新教育理念，构建基于大数据的人才培养目标。依据联通主义理念，将章节学习内容以知识图谱可视化方式呈现给学生，实现对知识的有效组织。

（五）开展个性化学习资源和学习路径导航

信息服务是以信息资源为基础，利用各种方法或技术手段对信息进行收集、整理、使用，并提供相关信息产品和服务的一种活动。大数据环境下的学习过程不在遵循传统的学习活动序列，学习内容也不固定在指定的教材，信息服务方式也需朝着个性化服务方向转化。随着各类学习资源的大量激增，需将海量学习资源有效聚合、转移和流通。

信息化教学模式的开展必须具备一定的环境条件。

①首先要有实施多媒体教学的媒体设备，包括计算机、投影仪、音频设

备等。其次要具有运行稳定的校园网络，目前各个高职院校都已实现光纤接入，能保障高清视频的流畅播放，使学生能够随时上网学习。

②计算机、平板电脑及手机能完成视频课程的学习。

③如何在海量教学资源中，找到适合学习者的学习资料。有两种解决方案，一种是"人找资源"的主动搜索，另一种是"资源找人"的信息推送。将海量学习资源有效聚合、转移和流通，从教育数据中挖掘出能满足其需求的学习资源，为其提供自适应、个性化的信息资源推送服务。

对信息化教学模式的研究和推广，将是推动高职教育信息化进程的必由之路。但大数据环境下的信息化教学模式研究是复杂的系统工程，信息化教学是动态化教学过程，其发展受到诸多因素的影响，应与时俱进地探讨信息化教学模式的实施路径，但有效地运用大数据理念来开展信息化教学是时代发展的需要，也是高职教育改革发展的必经之路。

第五节　高职信息化教学的典型模式与案例

一、案例教学模式

（一）案例教学模式的内涵与特点

1. 案例教学模式概述

案例指具体事例，而具体事例来自现实第一手资料，真实、有环境、有情节，因此，案例教学法又称具体事例教学法。案例教学最早应用于美国的法学院，后来哈佛商学院首次把案例教学法应用于商业教育，取得了很大成功。现在案例教学法已经是职业教育领域最有效的教学手段之一。

案例教学法和传统教学法的主要区别体现在以下几方面。

（1）教材不同

传统教学使用多年一贯制的固定教科书，而案例教学法使用特定管理情景和实际生产、经营、生活中的事例，事例可以不断补充、更新和完善。

（2）教学主体不同

在传统教学中非常突出教师单一主体地位，教师在任何教学环节都担当导演和演员的双重角色，而学生更多地担当观众角色，完全处于被动地位。而在案例教学法中，要求突出教师和学生的主体地位，要创造机会让学生走向前台发挥主角作用，教师则尽可能走向幕后发挥导演作用。

（3）授课方式不同

传统教学法强调单向交流，教师的责任在于把自己知道的书本知识传授给学生，因而只要教材熟悉、教案完整、逻辑结构清晰、语言表述通达就算尽职，而学生只要认真听课就算尽责。案例教学法则强调双向交流和联动机制，由教师和学生共同参与对实际案例的讨论和分析，案例构成课堂讨论的基础。

在案例教学中，教师的责任：一是课前针对性地选择案例；二是课堂上领导案例讨论过程，进而从案例中获得某种经历和感悟，引导学生探寻特定案例情景的复杂性，分析其隐含的各种因素、可能发生的多种变化；三是负责案例更新，跟上时代的要求，反映当前实际。学生的责任：一是课前必须仔细阅读教师指定的案例材料，进行认真分析与思考，据此做出对真实生活的决策和选择，并得出现实而有用的结论；二是在课堂上积极发言，讲解自己的思考和结论，并与他人展开辩论。

2. 案例教学法的特点

案例教学法主要有以下特点。

（1）仿真性

如果所选案例来源于真实生活和实际工作，通过案例教学可让学生置身于案例模拟或仿真的环境中，扮演其中的角色，使学生身临其境、感同身受，并从当事人的角度思考问题、处理问题，具有一定的实战性质。

（2）学生广泛涉猎

学生为了学好案例，除认真学习课程内容以外，还必须有效地利用各种资源(辅导材料、参考资料、互联网及图书馆等)查找资料，组成课外学习小组，进行小组讨论，因此能极大地延伸教材内容，拓宽知识面。

（3）有利于发展学生个性

在案例教学过程中，学生通过案例分析和踊跃发言，能充分表达个人的观点，勇于表现自我，锻炼和培养了思维方式，提高了分析问题、解决问题、语言表达的能力以及快速反应能力，有利于确立以学生为中心的新型教育模式，提高学生的自主学习能力，发展学生个性。

（4）有利于转换教师角色

在案例教学过程中，教师的角色也发生了深刻的变化。教师是指导者、管理者、控制者、评判者、参与者、提示者和资源者。

（二）案例学习的因素与过程

1. 案例学习的关键因素

（1）案例类型设计

案例类型设计是建立案例库，收集、加工、整理案例的指南。由于案例教学是课堂教学的重要组成，因此案例类型设计应与教学环节紧密挂钩，按教学环节可将案例分为三种类型。

第一，课堂引导案例。这类案例以教师讲授为主，重在讲清原理，给出分析过程，得出分析结论，提高学生的理解能力。

第二，课堂讨论案例。此类案例以学生讨论为主、教师引导为辅，重在应用，提高学生的综合应用能力。

第三，课外思考案例。该类案例以学生自我研究为主，重在应用，提高学生的研究能力。

（2）案例库的建立

案例故事的选择是描述和分析的前提，选择案例需要注意以下几点。

①案例与教学内容密切相关。

②案例应是现实生活的写照。

③案例分析不限定唯一的结论与结果。

2. 案例学习的过程

以课堂讨论案例为例，大体可划分为两个阶段和五个环节。

第一阶段是课前准备阶段。该阶段要做好三个环节的工作：一是布置案例并提出明确要求；二是个人分析案例；三是小组讨论案例，撰写分析报告。

案例教学的成败与准备是否充分关系甚密，为此不仅要给予充足的准备时间（一般不少于一周），而且要真正调动学生的学习兴趣和思维潜能。

第二阶段是课堂讨论与辩论阶段。该阶段要做好两个环节的工作：一是小组派代表发言，同时展开质疑和争论；二是教师讲评，客观给定成绩。

（三）案例教学模式相关案例

名称：案例教学法在"机械设计基础"教学中的应用与实践。

高职"机械设计基础"课程主要讲授平面常用机构、机械零件两大部分，实际上这两部分的内容与生产实践联系较为紧密，这就为案例教学法提供了可利用的资源和发展的空间。多数高职院校在该门课程结束后会进行相应的课程设计，在设计过程中将学生分为很多小组，然后给定各组不同的题目让学生完成，这就是案例教学法最显著的特点，也符合案例教学法的教学模式。

1. 案例一　铰链四杆机构的基本类型

（1）案例准备

摇头电风扇、螺丝刀、钳子、插线板、自行车。

（2）分组讨论

将学生分为不同的小组，再将任务布置到每个小组。给定半个小时，让每个小组用工具将摇头电风扇拆开，利用前面学过的知识画出摇头机构的平面示意图，指出各个部分的名称，解释摇头机构的工作原理。同时另外几个小组通过对自行车进行分析，判断其属于铰链四杆机构三种基本类型中的哪一种，并分别指出各部分的名称及其工作原理。

（3）主题发言及讨论

在以上过程结束后，每小组推荐一名代表做主题发言，并将各小组的结果写在黑板上，标明组别号。发言结束后，每个小组根据其他小组的结果进行一定的讨论和辩驳。教师可以根据每组结果做出相应点评，并引导学生思考，最后给学生留出一定的时间进行讨论和交流，每个小组得出最终结果。

（4）教师总结

教师对每个小组的结果进行分析和点评，再展示电风扇的摇头机构的平面示意图，并根据示意图分析其工作原理，得出自行车是曲柄摇杆机构的应用的结论。通过案例教学，学生了解和掌握了铰链四杆机构的基本类型和应用，教学生动、直观。

2. 案例二　铰链四杆机构类型的判别

在讲解铰链四杆机构曲柄存在的条件时，多数教师是通过讲解三角形存在的条件来推导铰链四杆机构曲柄存在的条件。在此推导过程中，学生理解比较困难。如果我们设计如下的教学情景，则学生能直观的、生动形象的理解，并能灵活应用。

首先，准备 1 号或 2 号图板数张，剪刀数把，长的吸管数根，直尺数把，图钉数盒。然后，将学生分为数个小组，每组利用以上工具和道具分别制作曲柄摇杆机构、双曲柄机构和双摇杆机构。这些机构制作成功后，利用直尺测量出每种机构中各杆的长度，再找出这三种铰链四杆类型所具备长度之间的关系，从而掌握铰链四杆机构中曲柄存在的条件。学生通过动手制作铰链四杆机构，相互讨论，多次修改长度，就能判断铰链四杆机构类型。

3. 案例三　齿轮的失效形式

在齿轮传动的强度计算时，需要分析齿轮的失效形式，才能选用相应的设计准则。对于多数高职院校，多数教师会花少量的学时讲解齿轮的失效形式，然而高职教育是培养应用型人才，如何判断齿轮是何种失效形式以及怎样防止应成为教学重点讲解的部分。在这部分的教学过程中，很多教师采用讲授法，学生对于齿轮的各种失效形式以及防止措施的理解比较模糊，建议进行如下设计。

准备各种因为失效而报废的齿轮数个，给出这些报废齿轮以前的应用机器及其工作情况，根据每种失效形式将学生分为不同的组别，例如轮齿折断组、齿面点蚀组、齿面磨损组、齿面塑性变形组、齿面胶合组等。各小组分别讨论本组齿轮的报废原因、失效形成过程，以及防止齿轮产生这种失效的措施。在此过程中，学生可以在网上搜索相关资料，到企业进行调研，还可以查阅相关的设计手册。最后每组必须完成一个关于齿轮失效成因和防止措施的报告，这个报告要按照论文的格式书写。这样，学生既能学习书本的知识，又能培养关于科研的能力。

二、项目教学模式

（一）项目教学的内涵与意义

项目教学是当今高职院校教学改革发展的一种方向和趋势。在高职院校教学中，项目教学是指师生通过共同实施一个完整的"项目"而进行的教学实践活动。其中的"项目"既可以是以生产一件具体的、具有实际应用价值的产品为目的的工作任务，也可以是一项服务。项目教学的指导思想是将一个相对独立的任务项目交给学生独立完成，从信息的收集、方案的设计与实施，到完成后的评价，都由学生具体负责。通过项目的实施，使学生了解和把握完成每个项目每一环节的基本要求与整个过程的重点、难点。教师在教学过程中起到咨询、指导与解答疑难的作用。项目教学强调以工作任务为依托组织教学内容，以学生为主体开展教学活动，以多样化的解决任务的策略展示学习成果，它是一种按照市场、行业、企业的要求，有针对性地进行专业技能教学，从而更具体、更实际、更适合企业人才规格要求的一种教学模式。

项目教学之所以能作为一种新型的教学模式，并在当代职业教育界受到大力推崇，归结于它不但拥有足够的理论依据，还具有较强的实践价值。项目教学的理论基础主要有现代认知理论、建构主义学习理论、杜威的实用主义教育理论和情境学习理论等。其实践价值表现在以下几方面。

1. 变革教学思维

项目教学体现了以生为本的教学理念，使人们意识到学生是教学过程中的主体，不再是知识的被动接受者，而是成为知识的主动建构者。教师只是学生学习的组织者、引导者、咨询者和评价者。通过项目教学，能使学生在项目活动中得到锻炼和提高，从而促使人们改变传统教学以知识为本、以教师为中心的教学思维。

2.改革教学内容

在当前的一些职业教育教学中，理论性教学内容偏多，教学内容往往求全、求深，学生所需的实用性技能操作训练较少，因而难以满足生产实践的实际需求。实施项目教学，在很大程度上能避免这种情况的出现。项目教学趋向实用性，针对性强。开展项目教学，将会促使职业教育围绕"生产过程"开展教学，设置面向企业实际并服务于企业的课程内容，让学生在学习过程中掌握实用的专业技能。

3.改革教学方法

项目教学注重合作与互动，采用较多的是工作小组的学习方式，它改变了以往学生被动接受的学习方式，创造条件让学生积极主动地去探索和尝试。在项目教学中，从情景创设到问题分析、信息收集、协作学习、评价展示，学生参与整个过程的每个环节，成为活动中的主人。这种师生之间互动多、学生之间合作多、学生亲身体验多的教学方法，有助于改变传统的"纸上谈兵"的陈旧教学方法。

（二）项目教学的构成要素

项目教学主要由内容、活动、情境和结果四大要素构成。

1.项目教学的内容

项目教学是以真实的工作世界为基础挖掘课程资源，其主要内容来自真实的工作情境中的典型的职业工作任务，而不是在学科知识的逻辑中建构课程内容。内容应该与企业实际生产过程或现实商业活动有直接的关系（如采购材料、具体加工材料），学生有独立进行计划工作的机会，在一定时间范围内可以自行组织、安排自己的学习行为，有利于培养创造能力。

2.项目教学的活动

项目教学的活动主要是指学生采用一定的劳动工具和工作方法解决所面临的工作任务所采取的探究行动。在项目教学中，学生不是在教室里被动地接受教师传递的知识，而是着重于实践，在完成任务的过程中获得知识和技能。

活动的特点：首先，活动具有一定的挑战性。任务具有一定难度，不仅是已有知识、技能的应用，而且要求学生运用已有知识，在一定范围内学习新知识、新技能，解决过去从未遇到过的实际问题，通过解决问题提高自身的技术理论知识与技术实践能力。其次，活动具有建构性。在项目教学中，活动给学生提供发挥自身潜力的空间，学生在经历中亲身体验知识的产生，并建构自身的知识。

3. 项目教学的情境

情境是指支持学生进行探究学习的环境，这种环境可以是真实的工作环境，也可以是借助信息技术条件所形成的工作环境的再现。

情境的特点：首先，情境能够促进学生之间的合作。在项目教学中，根据项目主题，学生从信息的收集、方案的制订、项目的完成到成果的评估，主要采取小组的形式进行学习，为了最终完成项目作品，他们相互依赖、共同合作。其次，情境有利于学生掌握技术实践知识、工作过程知识。技术实践知识与工作过程知识的情境性，决定了这类知识的掌握依赖于工作情境的再现。情境为学生职业能力的获得提供了一种理想的环境，并能拓展学生的能力，为他们走向社会奠定了基础。

4. 项目教学的结果

结果是指在学习过程中或学习结束时，学生通过探究行动所学会的职业知识、职业技能和职业态度等，如技术实践知识、合作能力、创新能力。

（三）项目教学的基本特征

项目教学与传统的教学相比较有着自己的显著特征，具体表现在以下几方面。

1. 以学生为主体的教学活动

从实践中看，项目教学中采用较多的是工作小组的学习方式，这不仅有益于学生特长的发挥，而且有助于每个学生的责任感和协作精神的形成，使其体验到个人与集体共同成长的快乐。同时，项目教学改变了以往学生被动接受的学习方式，创造条件让学生能积极主动地去探索和尝试。在项目教学中，从信息的收集、计划的制订、方案的选择、目标的实施、信息的反馈到成果的评价，学生参与整个过程的每个环节，成为活动中的主人。这样学生既了解总体，又清楚每一具体环节的细节。

2. 以工作任务为依托的教学内容

项目教学是围绕教学任务或单元，设计出一个个学习环境及其活动。它的一个重要价值就是消除了传统的学科教学所带来的诸多弊端。在职业教育的项目教学中，组织教学内容通常以教学项目的方式对教学内容进行整合，而教学项目往往是从典型的职业工作任务中开发出来的，教学内容突破了传统的学科界限，以项目为核心，按照工作过程逻辑建构教学内容。

以典型的职业工作任务为依托建构学习内容，有效地解决了传统教学中理论与实践相脱离、远离工作情境的弊端，理论教学内容与实践教学内容通过项目或者工作任务紧密地结合在一起。通过典型的职业工作任务，学习者可以了解所学职业的主要工作内容。同时学习者还可以了解到自己所从事的工作在整个工作过程中所发挥的作用，并能够在一个整体性的工作情景中认识到自己能够胜任有价值的工作。

3. 以多样化为特征的学习成果

项目教学创造了使学生充分发挥潜能的宽松环境，其学习成果主要不是知识的积累，而是职业能力的提高。职业能力是一种综合能力，它的形成不仅仅是靠教师的教，而重要的是在职业实践中的积累，这就需要为学生创设真实的职业情景，通过以工作任务为依托的项目教学使学生置身于真实的或模拟的工作情境中。在项目教学中追求的不是学习成果的唯一正确性，因为评价解决问题方案的标准并不是"对"或"错"，而是"好"或"更好"。在项目教学中，每个学生会根据自身的经验，给出不同的解决问题的方案与策略。因此，学习的成果不是唯一的，而是多样化的。

（四）项目教学模式相关案例

项目名称：室内场景设计与动漫制作。

1. 项目要求

根据客户提供的一张 CAD 房型平面图，利用 3DMAX 软件以及相应的辅助软件，完成室内三维综合布置装修设计以及整个室内的三维动漫设计与制作。整个项目设计过程分为六个子项目。

① CAD 图纸的简化处理与 3D 中的建模。

②室内家具与装饰品的场景合并与布局。

③ 3D 中灯光与材质的初步设置。

④在 Lightscape 中灯光与材质的进一步设置。

⑤图像在 Photoshop 中的后期处理。

⑥在 3D 或在 Lightscape 中的动漫制作与在 Premiere 中的视频编辑。

2. 教学目标

（1）知识技能

学生在实际项目工作的情境中掌握室内装潢的一般流程，掌握 3D 软件的建模过程，掌握 CAD、3D、Lightscape、Photoshop、Premiere 等软件在制作效果图中综合运用的过程，以及视频动画的制作过程。

（2）过程与方法

通过教师、同学和网络的帮助，感受实际工作中室内场景和动漫设计的一般工作流程，学会解决问题的过程和方法，积累一定的设计经验。

（3）情感、态度和价值观

培养学生实际操作能力，以及与同伴合作交流的意识和能力。

3. 项目分析

本项目把 3D 与室内装潢的整个工作流程结合在一起，以 3D 软件为主，其他软件为辅，各个软件取长补短，发挥整体优势，充分展示作者在作品中的设计理念和思维方式。本项目是对一个实际的房型图进行三维装潢，最终作品以图片和动漫视频的方式展现出来，让学生从亲身的感受中进行说、做和学，优化教学过程，改进学习方式，并且倡导学生主动参与学习和同学之间的交流合作，用不同的方式学习知识。通过自己的讨论交流进行探索、解决问题，形成一定的解决问题模型，最终解决实际生活问题，从而与行业进行零距离接轨。

项目重点：3D 的建模过程、室内模型材质的设置、灯光的打照技术，以及室内装潢的一般工作流程（用案例演示一般工作流程）。

项目难点：灵活运用各种软件的优点，制作高水准的作品。灵活运用各种知识，设计出更加人性化的方案。

项目重点、难点的突破：学生在教师的引导下完成项目，教师帮助学生提高水平。

4. 教学策略

学生在学习该项目之前已经掌握了一般的 3D 建模技术和一些常用的修改命令，已经能够制作简单的 3D 模型，对 CAD、Photoshop、Lightscape 和 Premiere 等软件的基本功能已经有所了解。

教学理念和教学方式是师生之间、学生之间交流互动与共同发展的过程。计算机教学要紧密联系学生的生活实际，采用项目教学法教学，教师可以利用网络的优势，成为知识的传播者、问题情境的创设者、尝试点拨的引导者、知识反馈的调整者。学生是学习的主人，在教师的帮助下，小组合作交流中，利用动手操作探索，发现新知识，自主学习。

教学评价方式多样化，包括师生评价、学生评价、小组评价等多种方式。在课堂上利用工作表对学生的学习和练习做出评价，让每个学生都能体验到成功的乐趣。采用项目教学法，让学生把分散的知识点综合起来，应用于实际的行业工作中。

5. 教学准备

50 台计算机联网，多媒体教室。

6. 项目实施

（1）示范项目

以一个三室两厅房型图为例，细致地演示室内装潢的整个流程。

（2）实训项目

室内场景设计与动漫制作（教师提供 20 张户型 CAD 文件，可供学生随机下载）。

（3）学生分组

将学生分成小组，每小组 4 人，按学生学号进行编排，每组模拟一家设计公司，教师扮演客户。

（4）与客户交流

由教师扮演客户，每组在实施项目之前，派出各组的项目组长和客户交流，听取客户的意见，并适当提出自己的建议。

（5）各小组进行设计

首先由各组的项目组长向小组成员讲述客户需求，组员开始分子项目进行设计，一个子项目应当按期完成，然后项目组长在组内分阶段评选最佳的设计，交客户审阅，由客户提出修改意见，再实施下一个子项目。

（6）存盘交付作品

每组选出一个优秀设计作品，存盘保存后交客户评选出最佳作品。

7. 项目评价

各项目组长向客户介绍本组设计的作品。在介绍过程中要求说明作品的设计过程，遇到的问题，如何解决这些问题，解释设计采用的相关技术及其特点。最后教师进行评价，通过教师评价进一步修改各自的设计，评选出客户最满意的作品。

8. 优秀作品展示

通过优秀作品展示，让学生看到小组内评选出的"室内设计师"的同学的作品，给学生之间创造良好的相互交流的机会。这样的活动能很好地激发学生的学习积极性，促使学生从不同的角度思考问题，培养学生的创新精神。

三、情境化教学模式

（一）情境教学的内涵与理论基础

1.情境教学的内涵

"情境"是指情景、境地。情境的创设往往需要多种媒体手段甚至人际交往才有可能成功。教学情境是指知识在其中得以存在和应用的环境背景或活动背景。情境教学是指在教学过程中，依据教育学和心理学的基本原理，根据学生年龄和认知特点的不同，通过建立师生之间、认知客体与认知主体之间的情感氛围，创设适宜的学习环境，使教学在积极的情感和优化的环境中开展，让学习者的情感活动参与认知活动，以期激活学习者的情境思维，从而在情境思维中获得知识、培养能力、发展智力的一种教学活动，它是利用具体的场景或提供的学习资源以激起学习者主动学习的兴趣、提高学习效率的一种教学方法。情境教学就是指在教师的引导下在人为创设的"情境"中进行的教学。

西方对于情境教学的研究是在研究情境认知、情境学习的基础上进行的，20世纪80年代中期之后，它伴随着情境认知和情境学习理论的研究不断发展和完善，在传统教学中存在着一种抽象的知识和实际的生活场景相脱离的现象，由此情境认知理论应运而生，所以情境认知理论强调把知识和一定的场景联系起来，以减少学生的学习和解决问题的能力之间的脱节现象。学生学习了一定的知识，由于没有相应的场景训练，虽然知道很多知识和问题的答案，但在现实中遇到类似问题时还是束手无策。情境可以将学生学习的抽象内容和实际的场景有机地集合起来，使学习内容生活化、行动目的化，并且通过情境的创设，可以使学得的知识有应用的场所。

2.情境教学的理论基础

情境教学是以建构主义的学习环境论和情境认知观为理论基础的。建构主义的学习理论主要是在皮亚杰、维果茨基等思想的基础上发展起来的。建构主义认为，知识不是通过教师传授得到，而是学习者在一定的情境、社会文化背景下，借助其他人（包括教师和学习伙伴）的帮助，利用必要的学习资料，通过意义建构的方式而获得。理想的学习环境应当包括情境、协作、交流和意义建构四个部分。情境即创设与当前学习主题相关的、尽可能真实的情境。协作是在个人自主学习的基础上开展小组讨论、协商，进一步完善和深化对主题的意义建构。交流是协作学习的主要形式，而学生对知识的意义建构则是整个学习过程的最终目的。在这样的学习环境中，教学设计不是从分析教学目标开始，而是从如何创设有利于学生意义建构的情境开始，紧紧围绕"意义建构"这个中心展开，利用学生的独立探索、协作学习或教师辅导，最终完成和深化对所学知识的意义建构。

在此理论下的教学模式主要有四种。

（1）脚手架教学

这种教学模式为学习者建构对知识的理解提供一种概念框架，主要由搭脚手架、进入情境、独立探索、合作学习和效果评价等环节组成。

（2）抛锚式教学

这种教学模式要求建立在有感染力的真实事件或真实问题的基础上，由创设情境、确定问题、自主学习、合作学习和效果评价等环节组成。

（3）情境性教学

这种教学模式应使学习在与现实情境相类似的情境中发生，以解决学生在现实生活中遇到的问题为目标。

（4）随机进入教学

学习者可以随意通过不同途径、不同方式进入同样教学内容，从而获得对同一事物或同一问题的多方面的认识与理解。

（二）认知学徒制情境化教学模式

在情境认知学习观的影响下，布朗等人从传统学徒制中得到灵感，提出了认知学徒制理论。认知学徒制是在 20 世纪 80 年代末 90 年代初教学范式刚刚从以"教"为中心转向以"学"为中心、对学习的研究正逐渐由认知转向情境、学习环境设计思想初现端倪的大背景下诞生的一种教学理论和学习环境设计思想，今天已成了众多学习环境设计的思想源头和新兴的学习科学的理论基础。

认知学徒制教学活动流程：首先，教师要呈现复杂问题并创设与之相关联的情境，反映知识在真实生活中的应用方式来激发学生的动机。其次，教师不仅要演示问题解决过程，还要清晰地说出思维监控过程和策略选择的方法，使学生能够观察、加工教师提供的信息。然后，教师鼓励学生以学习共同体的形式参与到问题解决中去，教师提供指导。学生要把解决问题的策略和方法阐释给教师和其他同伴，教师和同伴旁听学生的思维，通过反思进行评价再反馈给学生，学生反思并修正再反馈给其他成员。最后，教师要创设更加多样化的问题情境，并逐步拆除脚手架让学生独立探究，促进知识的运用和迁移。通过教师和学生轮流作业、互相观摩、共同反思的方法，使学生自我修正、自我监控的能力不断增强，获得更多的知识和技能，促使师生共同成长。

（三）情境化教学模式相关案例

名称：认知学徒制情境化教学模式在信息技术课程教学中的应用。

1. 教学内容

主要学习如何快速输入数据，并运用 Sum、Average 函数计算表格中的数据。

2. 案例背景

信息技术课程是一门实践性、操作性很强的学科，它的主要任务是增强学生的信息意识，了解信息技术的发展及其对社会的影响；了解计算机基本工作原理，学会文字、图形、数据的处理技能，初步掌握信息获取、处理的基本方法；树立正确的知识产权意识，培养学生的合作精神。本次学习的主题是"数据输入和处理"，学生基本上处于"零起点"的状态。因此，利用认知学徒制情境化教学模式能够很好地引导学生学习这一内容。

3. 学习环境

计算机机房。

4. 教学过程

教学之初，教师要告诉学生这节课的学习目标，并进行现场示范。

步骤一　案例观察

教师现场给学生示范案例，如何打开 Excel，并结合身边具体的实例向学生介绍 Excel 所具备的功能。教师分别利用 Sum、Average 函数对一组数据进行求和及求平均值，教师示范的同时提示学生思考这些操作过程的合理性，培养学生运用函数对数据求平均分和总分的思维过程。

步骤二　情境训练与及时指导

教师可以给学生呈现需要解决的问题，指导学生结合他们刚刚看到的模型、学到的认知策略和技能来解答问题。例如，教师可以提供真实的探索问题，如"输入全班期末考试中信息技术分数并计算出男生成绩的平均分"。学生在任务的驱动下开始对数据进行输入和处理，却发现结果显示的是全班同学的平均分，那么男生的平均分怎么求呢？教师应启示学生——"专家是怎么解决这类问题的呢？"同时教师对专家所用的方法进行解释并现场演示，然后让学生独立完成任务。

在学习小组工作的时候，教师口述一些学生有疑问或需要的线索、暗示和反馈来促进学生的学习，在适当的时候给予帮助。例如，在学生输入大量相同的数据时，教师可以指导学生如何用简便方法完成这项操作。

步骤三 反思与评价

经过前面两个阶段的学习，学生已经初步学会了数据输入并对其进行处理。这一阶段，教师可以指导学生对其问题解决的过程进行反思。学生通过回忆自己解决问题的思维过程并与专家模型进行比较，同时鼓励每位学生发表自己的看法并将自己解决问题的思路用语言清晰地表达出来。在反思的过程中，教师和学生都应积极评价他人的方法，提出好的建议，对于具有创新意义的想法应给予表扬并推广。通过这种方式来提高学习者的认知能力和操作技能。

步骤四 自主探究

探索是一堂课中最重要的，也是最后部分。教师应鼓励学习者将所学的数据处理方法用来解决日常生活中的问题，并自主探究 Excel 的其他功能。教师应该通过淡化"脚手架"和鼓励来增强学生学习的独立性和自主化。学生的目标是利用他们所习得的思维技能来发现问题、解决问题、验证假说、发现结果。

四、WebQuest 教学模式

WebQuest 教学模式被称为"信息化教学的新利器"。自从被介绍到我国以后，越来越多的教师开始在教学实践中尝试运用这种新型的教学模式。

（一）WebQuest 教学模式的由来与分类

1.WebQuest 教学模式的由来

WebQuest 是美国圣地亚哥州立大学教育技术学院教授伯尼·道奇和汤姆·马奇于 1995 年提出的一种新的课程计划。Web 是网络的意思，Quest 是调查、探求的意思。他们把 WebQuest 定义为一种基于网络的、以探究为导向的活动，中文翻译是"网络主题探究"。其主要方法是在网络环境下，由教师引导，以一定任务驱动形式，让学生进行自主探究学习。2001 年，惟存教育网站首先将 WebQuest 介绍到我国，此后教师开始在教学实践过程中尝试这种新的教学模式。

2.WebQuest 教学模式的分类

根据完成时间的长短，WebQuest 可以分为短期 WebQuest 和长期 WebQuest 两种。

短期的 WebQuest 要求：①学习者需要掌握重要的新信息，在理解的基础上应用于实践；②任务完成的时间是一至三课时。

长期的 WebQuest 要求：①学习者的任务是深入分析一些问题，用一些方式将其转化成其他形式，并在理解的基础上创造出某种形式的成果，用网络或非网络方式展示出来；②任务完成的时间是一个星期至一个月。

（二）WebQuest 教学模式的结构与特点

1.WebQuest 教学模式的结构

WebQuest 包括绪言、任务、过程、资源、评价、结论六大基本模块。除此之外，还可以有小组活动、学习者角色扮演、跨学科等非关键属性。

（1）绪言

为学习者制定方向，提升学习兴趣，提供某些研究背景信息。主题应与学习者过去的经验有关，与其未来的目标有关；应具有吸引力；因急切需要解决而紧迫；因学习者将进行角色扮演或者有一些成果而好玩。

（2）任务

任务是对学习者通过练习将完成的所有事情做一个描述，包括编辑、复述、判断、设计、分析等，或者是这些任务不同程度的综合。内容表述可以是 Hyperstudio 或 PowerPoint 演示、口头陈述。

（3）过程

过程是指学习者在完成任务时将要经历的步骤。教师将完成任务的过程分解为循序渐进的若干步骤，并就每个步骤向学习者提出短小而清晰的建议，其中包括将总任务分成若干子任务的策略，对每个学习者要扮演的角色或者所要采用的视角进行描绘等。

（4）资源

资源主要是由教师选定的将有助于学习者完成任务的网页清单。许多资源是"嵌入"在 WebQuest 文档中，作为问题研究的"抛锚点"，并且预设于互联网网页中。这些资源将引导学生进行主题学习，不至于在网络空间迷失方向而完全漫无目的地漂流。资源不局限于网上的，还可以是一个与远距离专家的音频会议、一个与近距离的教师的视频会议、一盒录像带、一份评价报告、教科书、录音带以及与他人面对面的访谈等。

（5）评价

评价是对学生此次探究学习效果进行评价。根据预期学生学习水平、学习任务的不同层次制定一个评价量规，是评价主体对学生在整个活动的全过程中的认知、情感、能力、态度、技能做出价值判断的活动。

（6）结论

总结学习内容和经验，鼓励对整个学习过程进行反思、对学习成果的拓展和推广提供进一步解释、说明文档，提示读者这是文章的结尾。结论部分还可以让学生提出在探究学习过程中遇到的问题，供全班同学课上讨论。

2.WebQuest 教学模式的特点

（1）引导性强

WebQuest 将大项目分成数个小任务，并将这些小任务按一定的规律组织起来。学生面对小任务时，方向明确，知道自己需要做什么，并沿着这一思路做下去，最终完成该项目。学生在 WebQuest 教学模式的一步步引导中体验学习，并形成自己的思维方式。

（2）信息资源丰富

极为丰富的网络资源，大大拓展了教学内容和学生的知识资源，也使教学内容具有时代性、与科学发展同步。学生在学习的过程中，随着情境性问题的产生和探究的不断深入，需要了解各种不同的信息，这些信息往往不可能预先准备，甚至对学生来说是陌生的。为了尽快解决问题，学生就需要通过各种途径尽快搜集与问题有关的信息。通过网络，WebQuest 的资源向学生提供了可以便捷存取、优质的信息，这有助于学生有效地收集信息，进而能够分配更多的时间用于解释、分析信息。

（3）任务明确和真实

WebQuest 教学模式的任务是教师事先设计好的，这有助于教师在课堂上组织教学活动，明确的任务使得学生带着问题上网学习，避免漫无目的地网上冲浪。同时，WebQuest 中提出的任务是社会生活中面临的真实任务，它对学生来说是有意义、有挑战性的。

（三）WebQuest 的设计原则与流程

WebQuest 的设计原则可以简称为 FOCUS。具体是：

F——找出精彩的网站（Find great sites）。

O——有效地组织学习者和学习资源（Orchestrate your learners and resources）。

C——要求学生思考（Challenge your learners to think）。

U——选用媒体（Use the medium）。

S——为高水平的学习期望搭建脚手架（Scaffold high expectations）。

WebQuest 的设计流程如图 5-1 所示。

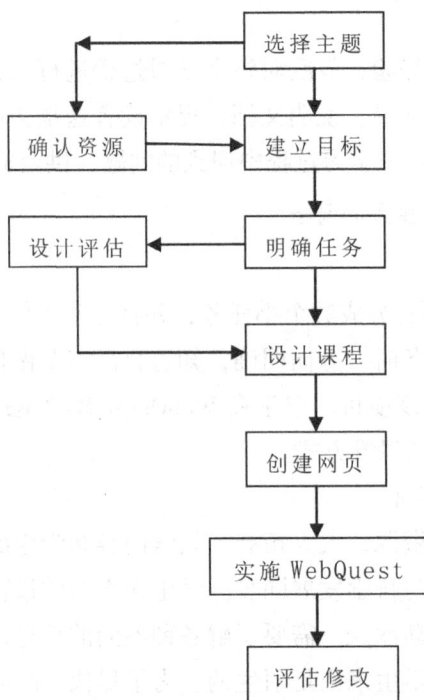

图 10　WebQuest 的设计流程图

（四）WebQuest 教学模式相关案例

名称：基于 WebQuest 的高职计算机基础课程案例。

1. 教学对象

教学对象是高职一年级学生，他们在普通高中 / 职业高中已经具备了计算机网络的基础知识，比如上网浏览信息、搜索信息、发送电子文件，甚至很多人已经或多或少地学习了 Office 办公软件。他们具备一定的独立研究和协作学习的能力。这些对于采用 WebQuest 学习模式都是非常有利的。

2. 教材分析

采用的教材是机械工业出版社出版的 21 世纪高职高专系列教材《计算机应用基础》。文字处理软件 Word 是《计算机应用基础》非常重要的内容之一，也是该教材的重点和难点之一。

3. 教学目标

知识层面：掌握 Word 的基本知识，了解 Word 的基本功能。

技能层面：熟练掌握如何创建 Word 文本；掌握文本的录入、编辑；能够对文本进行基本的排版。

情感层面：让学生认识到学习微软 Office 办公软件的意义。当然，并不是只有微软办公软件，国产 WPS Office 软件的功能同样非常强大。激发他们为国家 IT 产业的发展壮大、缩小与国外差距而努力学习的热情。

4. 教学过程

探究主题：Word 简报。

（1）背景

在日常生活中，我们看到的报纸、期刊、杂志，需要提交的个人/公司简介、项目策划书、个人年度总结等，都要用到文字处理软件。为了使学生能够更好地掌握这一重要工具，学校信息技术协会将举行一次 Word 小报版面设计大赛。作品以小组为单位提交，小报需要包含小组每个成员的简介以及文字处理软件小窍门的介绍，参赛作品须在最后的评选大会上向大家汇报，优胜组除了可获得书籍奖励外，其作品还将被印制，供协会成员及全校学生鉴赏。

（2）任务

大学一年级全体学生（必须参加）、大学二年级学生以小组为单位自愿报名参加。小组参赛人数为 5～7 人。

在编辑排版小报的过程中需要用到 Word 相关的知识，包括输入文字、特殊字符及特殊符号，表格的建立及编辑，各种对象的插入，字体格式和段落格式，图文混排操作等。

每组最终提交电子版和打印版小报各一份，并推选一位同学在评选大会上向大家汇报。

（3）过程和资源

步骤一：小组每个成员利用 Word 写一份自我介绍。在 WebQuest 任务中，每个人都已经知道自己所在的小组，这时需要大家找到自己小组的每个成员。为了便于小组内每个成员进一步认识，组内成员需要用 Word 写一份自我介绍。

步骤二：确定小组长。每个成员查看组内其他成员的自我介绍，与组员一起分析、讨论成员自我介绍中所用到的 Word 的相关知识点，自我介绍的优点及不足，注意记录讨论过程。讨论最终需要确定本小组组长。

步骤三：搜集小窍门。每个成员精心搜集一两个 Word 小窍门，注意实时与组长沟通，避免有重复信息。

步骤四：分配任务。组长主持讨论，确定本组小报的制作样式（全体成员参加）；制作 Word 小报中自我介绍部分排版（3 人左右）；制作 Word 小报中小窍门部分的排版（3 人左右）；组长负责最终两部分内容的整合。

步骤五：对小报进行再调整。组长将整合后形成的小报发给小组每个成员，大家看后讨论小报中是否用到了任务中要求用到的 Word 知识点，并提出对小报的修改意见，形成最终的小报。讨论形式组内自己确定，建议使用 qq 群、MSN 等工具及时进行讨论，这样便于讨论过程的再现。

步骤六：形成小组报告，提交小报。在评选大会上所做的报告，应保证该报告是在大家讨论的基础上形成的，而且小组内的所有成员都仔细阅读过。

（4）评价

学生进行个人评价、小组评价和自我学习反思。利用学习日志反思表进行评价。

五、"问题式"教学模式

（一）"问题式"教学模式的由来

通过问题解决来学习的思想由来已久。在东方，孔子的启发式教学思想对后世所有的教育思想都有着深远影响。在西方，从苏格拉底的谈话法到杜威的问题教学法、布鲁纳的发现学习法，都是以问题为中心的学习方法。而把"问题解决"作为学校一种新的教学模式，是美国数学教师协会于 1980 年在《关于行动的议程》文件中正式提出的。"问题式"教学模式是近年来受到广泛关注的一种教学模式，它强调把学习设置到复杂的、有意义的问题情境中，通过让学习者合作解决复杂的生活实际问题或真实性问题，促使学习者深入理解隐含在问题背后的科学知识，使学习者形成解决问题的技能，培养学习者自主学习的能力。

"问题式"教学模式作为一种先进的教学模式，最早起源于国外的医学教育。因教学效果良好，这种模式首先在医学界获得了应用和推广，后来越来越多地被其他领域所采用，如商业教育、建筑教育、法律教育。20 世纪 90 年代中期以后，它被移植到美国幼儿园、小学和中学的各个年级，并取得了成功。20 世纪 90 年代后期，这种教学模式在我国的研究陆续展开。

（二）"问题式"教学模式的内涵与要素

所谓问题，是指在一定的情境中人们为满足某种需求或完成某一目标所面临的未知状态。理解问题的概念，应把握两个关键属性：第一，问题是指在一定情境中某种未知的实体，即现存状态和目标状态之间的差距。情境包括多种多样的不同状态，从简单的算术问题到复杂的社会问题。第二，发现解决这种未知具有某种社会的、文化的或智能的价值。如果没觉察某种未知和确定解决未知的价值，也就不可能存在问题。

所谓"问题式"教学模式是指把学习置于复杂的、有意义的问题情境中，通过让学生以小组合作的形式共同解决复杂的、实际的或真实的问题，学习隐含于问题背后的科学知识，提高解决问题能力的一种教学／学习模式。其旨在通过引导学生解决复杂的、实际的或真实的问题，使学习者建构宽广而灵活的知识基础，从而培养和激发学生的内部学习动机，提高有效问题的解决能力、合作能力、自主学习和终身学习能力。

"问题式"教学模式有三大基本要素：问题情境、学习者和教师。问题情境是课程的组织核心。当学生身处可以从多种角度看待事物的环境时，问题情境能够引发并维持学生的兴趣，使他们积极地寻求解决问题的方法。学生是致力于解决问题的人，他们识别问题的症结所在，寻找解决问题的良好方法，并努力探求、理解问题的现实意义，成为具有自主学习能力的学习者。教师不仅仅是知识的传授者，而且是学生解决问题过程中的工作伙伴，是学生解决问题过程中的指导者、引导者和合作者。

"问题式"教学模式的特征：

①这是一种以学生为中心的教学方法；

②以问题为中心组织教学并作为学生学习的驱动力；

③问题是真实的、劣构的，是发展学生实际解决问题能力的手段；

④以学生小组为单位的学习形式；

⑤重视过程性评价；

⑥教师是辅助者和引导者。

（三）"问题式"教学模式运作环节

尽管"问题式"教学模式的实践不是完全相同的，在实际的教学中，教师可以弹性地设计与应用，但是它的运作环节基本相同。一般来说，"问题式"教学模式的基本流程如下所述。

第一，从问题出发，也就是教师根据教学内容创设一定的问题情境，学生在分析问题情境的基础上，确定自己所要研究的问题。也可以是学生自己对某种现象或某个情境提出问题，并在教师的帮助下对问题进行界定，接着对问题进行分析，提出解决问题的假设，形成学习小组，小组成员进行分工，确定已经知道哪些关于问题的信息、还需知道哪些信息、可以利用哪些资源以获取所需的信息、确定研究计划和安排。

第二，学生通过各种途径收集与问题相关的新信息，对所收集的信息进行分析、整理、评价，把整理后的新信息与旧信息（即已有的信息及学生的原有认知）进行整合、综合，形成最终的解决方案，解决问题。

第三，进行总结、反馈，对解决结果进行评判，确定问题是否解决，总结所学的知识。在新的情境中运用所学知识，重新开始新一轮的学习。

（四）"问题式"教学模式效果评价

评价是对整个教学实施过程和学习效果的整体检验。由于"问题式"教学模式的实施基于真实问题情境，问题学习的开放性和解决的过程性决定了"问题式"教学模式效果评价有别于传统教学评价，教师应对"问题式"教学模式的评价功用、评价主体、评价方式和评价内容重新考虑。

1. 评价功用

"问题式"教学模式的学习过程和课程内容同等重要，评价的功用不单是作为测试学习的一种工具，而且是促进和加强个人和小组学习的工具。

2. 评价主体

"问题式"教学模式为学习者提供了更多课堂以外的学习机会，将学习者的学习效果检测置于实际的／真实的评价情境中，对学生评价应由传统教育的教师权威评价主体转变为教师、家长、社区、同伴与自我的多元评价主体，以多方面综合评定学生的进步与智能发展。

3. 评价方式

问题学习的开放性使得"问题式"评价不能采用统一的、标准化的方式，需要设计书面考试（笔试）、实践考试（操作考试）、概念地图、口头陈述、书面报告、个性化作品选等多种评价方式。

4. 评价内容

评价内容主要包括能力提高、知识获取、合作情况、学习态度、最终作品五大方面。

（五）"问题式"教学模式相关案例

名称：《计算机应用基础》课程中 Word2007 文字处理软件"图文混排"。

利用 Word 文字处理软件进行图文并茂的排版是在实际工作中经常碰到的问题，可以综合地锻炼学生的实践操作能力。

教学目的是要求学生利用 Word 知识完成电子贺卡的制作，同时完成对新知识的意义建构，解决问题。

1. 构建情境，呈现问题

首先，教师提出"大家记得母亲节是哪天吗？"伴着学生的回答在大屏幕上展示多张母亲节贺卡图片并配以感恩母亲的歌曲，构建起感恩母亲的氛围；然后引导学生在母亲节到来之际，亲手做一张具有深刻意义的电子卡片送给母亲。

如何利用 Word2007 软件制作一张精美的贺卡？引导学生发表自己的想法和观点，开阔学生思路，从而激发学生的创造欲望及制作电子贺卡的兴趣。这样一个与实际生活息息相关的问题，很容易调动学生的学习积极性和主动性，同时将问题的解决内化为学生自己的事情。

教师提示学生贺卡通常用多大纸张，利用 Word2007 软件的图片、艺术字、文本框等元素才能达到图文并茂的效果，引导学生轻松愉快、积极主动地去解决问题，完成任务，实现对新知识的意义建构。

2. 小组讨论，分析问题

教师根据学生知识与能力水平的不同，将学生异质分组，各组根据问题进一步讨论，确定研究内容和设计方向。同时，小组各成员将依据自己的情况选择不同的任务，如资源的搜集整理、版面的设计等，教师要了解各组的设计思想及每位成员在小组中的任务，并对小组的活动加以适当的引导，促进小组成员之间的交流与合作，确立有效的问题解决方案。

3. 自主学习，交流协作

学生开始自主学习的过程。学生带着制作电子贺卡这个任务，由此产生对艺术字、文本框、图片等元素属性设置的相关知识的需求，由内在的需求促使学生主动探索、学习相应的知识，并解决问题。在此过程中，教师巡视查看学生的学习过程，了解学生的学习情况、进度，以引导者的身份对个别学生的问题进行单独交流、指导；鼓励学生之间相互交流、协作学习；对大多数学生的共性问题，教师给予广播式指导；对于理解能力、动手能力以及综合应用能力强的学生，教师指导他们进一步学习扩展内容，发展他们的个性，培养他们的积极创新精神。最后，各小组将所获取的资源加工处理后，上传主机，用大屏幕展示出来，共享学习成果。

4. 评价、总结

学生依据评价标准，先进行组内评价，进一步改善不足，然后在小组间展示作品，并互相评价，交流学习心得体会，反思如"我学到了什么""我如何改进提高"等问题。评价是教学过程中非常重要的一个环节，通过评价学习者也可以了解自己的学习情况，及时地调整学习步调与进程。另外，教师的表扬和肯定，可以提高学习者的学习积极性并增强学习效果。

六、网络协作学习教学模式

（一）网络协作学习教学模式概述与特点

1. 网络协作学习教学模式概述

协作学习是学习者以小组形式参与，为达到共同的学习目标，在一定的激励机制下，为获得最大化个人和小组习得成果而合作互助的一切相关行为。

计算机支持的协作学习是在计算机支持的协同工作和协作学习相融合的基础上发展起来的，它是利用计算机技术建立协作学习的环境，使教师与学生、学生与学生在讨论、协作与交流的基础上进行协作学习的一种学习方式，是传统合作学习的延伸和发展。

基于网络的协作学习简称网络协作学习，是建立在现代信息通信技术的基础上，利用计算机网络以及多媒体等相关技术，为学习者提供相互讨论、交流和信息共享的协作学习环境，学习者以小组形式参与，针对同一内容彼此交流和合作，以达到对教学内容深刻理解和掌握的目的。网络协作学习的技术实现方式有网络聊天室、视频会议、BBS、网络视频广播、博客、新闻组等。

2. 网络协作学习教学模式的特点

网络协作学习过程中，学习小组成员的协同工作是实现学习目标的有机组成部分，个人学习的成功与他人学习密不可分，学习者之间需要保持相互合作的态度、融洽的人际关系，共享的信息和资源，共同担负学习责任，共同完成学习任务。网络协作学习教学模式的主要特点如下所述。

（1）重视创设问题情境

协作得以开展应该有能够激发起讨论的矛盾和问题，但仅仅用言语描述的问题往往过于平面化，所以创设问题情境就成为协作学习开始的引子。研究结果表明，一个或几个好的问题情境是实现协作学习的基本保障和首要环节。只有在一定的情境中，学习者才能有协作和会话的需要，才能以小组合作学习的姿态参与到教学过程中，才能使自己的认知能力和情感素养得到不断的提升和发展。

（2）师生是平等的合作者

网络协作学习的过程中，师生面对同样的学习环境，教师不见得比学生拥有更多的学习资源，教师不一定是知识的权威和绝对拥有者。学生自身有可能成为学习过程和学习资源某方面的主导者。网络的隔离性可以消除师生面对面交流带来的诸多压力。在网络的"虚拟社会"中，师生可以不必考虑对方的身份地位，从而能够进行有效的平等对话，这对于教学问题的解决更加有效，而且能够使师生之间保持一种良性的人际交往关系。

（3）强调整体学习的效果

网络协作学习一方面能够支持能动的学习和信息的深加工，能发展学生的批判性思维、交流与合作技能，使学生更明了知识结构，尤其适合非良构领域的学习和问题解决，实现学生认知方面的发展；另一方面，网络协作学习也是对学生学习民主和自由的尊重和弘扬。通常协作学习都是基于自组织的，这种典型的学生中心学习方法，其优点是能够激发学生多角度理解问题，能更好地发挥群体动力因素，增加学生的归属感，激发学生的主体意识，让学生学会独立发表个人见解和完善自己的个性。

（4）强调学生个性的"自我实现"

每个人都是一个独立的具有自主性的个体，是处于发展中的、富有潜力的、整体性的人，是学习过程积极的参与者。网络协作学习教学模式鼓励学生各抒己见，鼓励每个人都要对他人的意见做出客观的分析，容纳与己不同的意见，学会辩证全面地认识问题、解决问题。同时要在合作的过程中学会定位自己，找到表现自己个性的机会和场所，能够将自己的个性与小组的需要紧密地联系在一起，通过自身的努力和小组成员的相互信任与共同活动，实现自身价值和自身性格的完善与再发展。

（5）将学习过程看作是交往过程

学习过程是一种信息交流过程，是师生、学生之间通过各种媒介（口头语言、书信、电子通信手段等）进行的认知、情感、价值观等多方面、多层次的人际交往和相互作用的过程。这一过程中，参与者结成了多边多向的人际关系网络，在这个网络体系中，认知与情感交往相互结合，成为一个不可分割的整体。

（二）网络协作学习的基本方式

网络协作学习的基本方式主要有竞争、辩论、讨论、合作、伙伴、设计、小组评价、问题解决和角色扮演。下面介绍其中的几种方式。

1. 竞争

竞争是指两个或更多的协作者参与学习过程，并有辅导教师参加。辅导教师依据学习目标与学习内容，对学习任务进行分解，由不同的学习者"单独"完成，看谁完成得最快、最好。辅导教师对学习者的任务完成情况进行评论，其他学习者也可以发表意见。各自任务完成后，就意味着总任务的完成。竞争性模式有利于激发学生的学习积极性与主动性，但易造成因竞争而导致协作难以进行的结果。因此，让学习者明确各自任务完成对保证总目标实现的意义非常重大，即学习者是在竞争与协作中完成学习任务的。竞争可在小组内进行，也可以在小组间进行。

2. 辩论

协作者之间围绕给定主题，确定自己的观点，并在一定的时间内借助虚拟图书馆或互联网查询资料，以支持自己的观点。辅导教师（或中立组）对他们的观点进行甄别，选出正方与反方，然后双方围绕主题展开辩论。辩论的进行可以由对立的双方各自论述自己的观点，然后针对对方的观点进行辩驳。最后由教师（中立者）对双方的观点进行裁决，观点论证充分的一方获胜。也可以不确定正方、反方，而是由不同小组或成员阐述自己的观点，然后相互之间展开辩论，最终以能说服各方的小组或成员获胜。辩论可在组内进行，也可在组间进行。辩论模式有利于培养学生的批判性思维。

3. 合作

多个协作者共同完成某个学习任务。在任务完成过程中，协作者之间互相配合、互相帮助、互相促进，或者根据学习任务的性质进行分工协作。不同协作者对任务的理解及其观点不完全一样，各种观点之间可以互相补充，从而圆满完成学习任务。

4. 伙伴

伙伴是指协作者之间为了完成某项学习任务而结成的伙伴关系。伙伴之间可以对共同关心的问题展开讨论与协商，并从对方那里获得解决问题的思路与灵感。学习伙伴之间的关系一般比较融洽，也可能会为某个问题的解决产生争论，并在争论中达成共识，进而促进问题解决。协作学习伙伴可以是学生，也可以由计算机充当。由计算机充当的学习伙伴需要人工智能的支持，即根据一定的策略，由计算机模拟的学习伙伴对学习者的学习状态进行判断，对学习者提出问题或为问题提供答案。智能化程度高的协作学习系统可以具有多种不同类型的虚拟学习伙伴，学习者可以自由选择或由计算机根据学习者的特征动态确定学习伙伴。

5. 设计

设计是基于学习者综合能力培养和面向过程的协作学习模式。由辅导教师给定设计主题，该主题强调学习者对相关知识的运用能力，如问题解决过程设计、科学实验设计、基于知识的创新设计。在设计主题的解决过程中，学习者充分运用已掌握的知识，相互之间进行分工、协作，共同完成设计主题。

辅导教师要及时发现并总结学习者的新思想和新思路，以利于提高全体学生的知识综合运用能力。

6. 问题解决

该种模式首先需要确定问题。问题的种类多种多样，其来源也不相同，一般根据学生所学学科与其兴趣确定。在问题解决过程中，可以采取多种方式，如竞争、合作、辩论等。同时需要协作者借助虚拟图书馆或互联网查阅资料，为问题解决提供材料与依据。问题解决的最终成果可以是报告、展示作品或论文，也可以是汇报。问题解决是协作学习的一种综合性学习模式，它对于培养学生的各种高级认知能力和问题解决与处理能力具有明显的作用。

7. 角色扮演

该种模式是让不同学生分别扮演指导者和学习者的角色，由学习者解答问题，指导者对学习者的解答进行判别和分析。如果学习者在解答问题的过程中遇到困难，则由指导者帮助学习者解决。在学习过程中，他们所扮演的角色可以互相转换。通过角色扮演，学习者对问题的理解将会有新的体会。角色扮演的成功将会增加学习者的成就感和责任感，可激发学习者掌握知识的兴趣与积极性。

（三）网络协作学习的教学设计

1. 协作学习目标分析

根据教学及学生个体发展的需要，确定协作学习的目标。协作学习的目标是系统性的，一般将协作学习的总体目标分解为许多子目标。子目标与具体的学习内容密切相关，子目标的确定及解决对总体目标的实现至关重要。

2. 协作学习内容确定

在一个特定的协作学习环境中，协作学习伙伴共同面对不同类型的学习任务。根据对学习任务的分析，学习者面临的学习任务主要分为三类，即概念学习、问题解决和设计。在这三种学习任务中，概念学习的性质是基于事实的，其他两种任务的性质是基于分析和综合的。对学习任务的这种划分提供了对学习任务进行分析的清晰思路。例如，在进行基于事实的概念学习时，协作学习伙伴面对的是一个共同的学习目标；在进行基于分析与综合的问题解决和设计学习时，则需要学习者对学习的总体目标进行分解，形成许多子目标，学习者相对独立地完成子目标的学习。概念学习的目的是掌握概念的含义，明确概念的特性与适用范围，从而加深对概念的理解。通过协作学习掌握概念，学习者将面对明确的目标，即非常强调协作学习过程中目标的整体性。问题解决和设计则对学习任务的整体性要求相对较低，更强调个体对子目标的实现情况，因为子目标的解决直接影响到学习任务的完成。

3. 小组的基本结构确定

研究显示，学生在具有良好组织结构的协作小组中学习，其效果远优于传统的班级组织形式。学生在开始协作学习时，通常缺少小组协作的技巧，因此，在班级中，首先设计协作交互活动的技巧和建立协作学习小组的方法。对学生来讲，需要他们学会如何倾听其他同学的谈话，分析并弄清楚他们讲话的意思。学生必须学会如何激励小组中其他参加者，如何提出问题，如何动态地监视与修改小组，如何有效地进行通信，等等。

4. 协作学习环境的创设

协作学习是在一定的情境中进行的。协作学习的前提是学生已经具有了社会文化的背景知识和从事社会活动的经验。因此，良好的协作学习环境有利于提高协作学习的效果与效率。作为协作学习的指导者与帮助者——辅导教师，需要根据协作学习的目标与任务及其协作学习成员的个性特征创设一定的情境。协作情境的创设同小组结构与活动方式密切相关，其将制约小组协作活动的开展。协作学习研究者指出，多样化的协作学习环境可以支持有效的协作学习。协作学习的优势在于协作活动的参加者促进了学习者的学习。协作学习环境的设计主要包括学习的主题、确定协作学习的目标、参加协作学习的人数、所依据的学习理论、协作学习系统的性能等。

5. 协作学习信息资源的设计

协作学习需要借助一定的信息资源，如在互联网环境中检索信息，需要计算机支持下的通讯交流手段，需要从"小资料室"（虚拟资料室）中查阅资料。因此，在进行协作学习时，教师需要为学生设计并提供一定的信息资源环境，尽量缩短无效时间，提高协作学习的效率。

6. 协作学习活动的设计

协作学习活动的设计是协作学习的主要组成部分。协作学习活动主要围绕学习内容展开，并根据学习内容采用不同的活动方式。支架式教学、抛锚式教学、随机进入教学、情境式教学、织网式教学等，也可以应用到协作学习活动的设计中。

7. 协作学习效果的评价

协作学习效果的评价一般通过小组集体讨论的方式进行，在评价过程中，小组成员可以进一步加深对协作学习内容的认识与理解。在此过程中，需要协作小组准备相应的展示材料，可以使用网页或幻灯片形式辅助各自的讲解。展示过程中或展示完成后，协作学习成员可随时根据展示内容提出问题，并要求展示者给予解答。根据展示与随机应答结果，其他各组对展示组进行终结性评价。辅导教师需要对该过程控制并及时总结各组的优缺点。

（四）网络协作学习教学模式相关案例

名称：极光的研究。

1. 学习内容与任务

要求学生采用合作小组的学习形式，每个小组选定一个自己最感兴趣的"角色扮演"的任务，按照"建立小组—确定协作计划—分工协作、搜集信息资源、自主学习—交流协作、协同成果集成"的步骤进行合作学习，最后各小组展示作品，汇报研究成果并接受其他小组的批判和建议等，进而修改、完善其作品。

2. 分析学习者的特征

知识能力分析：学生已初步掌握带电粒子所受洛仑兹力的大小和方向，但还处在"纸上谈兵"的阶段，还需要将知识应用于实际情境中，加强知识的迁移能力的培养。在实际的网络合作学习中，如何确定选取统计图是制图的关键，需要让学生进行小组讨论。学生除了会判断洛仑兹力的方向外，知道地磁场的分布特性是理解极光形成的又一个关键。

信息技术能力分析：学生通过多年的学习和操作，已能较熟练地查找、收集、整理资料，对互联网、Netmeeting 等应用软件也较为了解，为本专题研究打下良好的基础。

3. 搜集学习资源内容

要求学生利用互联网进行学习资源的搜集。

4. 设计学习情境

以任务为驱动，学生在网络环境中围绕学习专题，收集资料，进行分析、整理并形成学习小论文，最后展示作品，汇报研究结果并接受其他小组的质疑，在质疑中将研究不断深化。

5. 设计合作学习策略

依据整个班级学生的学习风格、认知水平进行异质分组，每4人为一个学习小组，每人一台电脑，这样既有利于自主学习，又有利于相互促进，还有利于合作学习优势的发挥。采用情境角色扮演组织策略，并设计多个不同角色下的任务，组间开展竞争。

6. 对合作学习的评价

建立合作学习评价表，评价的内容主要体现在协作过程和协作结果两方面，即合作学习的过程和结果同等重要，既体现对个人的评价，也体现对小组的评价。

7. 设计教学结构流程

开始上课前，将学生每4人分成一组，每人一台计算机，确定组长及各成员的职责；明确学习主题和学习任务；浏览相关网页，小组内协商研究计划，并进行组内分工；分工协作，搜集信息资源，个人自主学习；交流协作，协同学习成果，教师指导，完成小组学习任务。

小组间汇报、质疑；小组修改作品，教师指导；师生共同总结，完成意义建构；课程结束。

七、基于资源的主题教学模式

（一）基于资源的主题教学模式的内涵

1. 资源

所谓资源，是自然界和人类社会中能创造物质与精神财富的各种客观存在形态或存在物。在教育教学活动中，特别是基于资源的主题教学模式中，资源是指教育、教学/学习资源。

2. 学习资源

所谓学习资源，是指支持教学活动实现一定教学目标的各种客观存在形态。它通常包括物质资源（如媒体、器材、工具）、人力资源（如教师、教辅人员）和信息资源（如课本、电子阅览室、Internet、CD-ROM、虚拟实验室、小说、教学参考书）。

学习资源简单地分为静态资源和动态资源。静态资源是以印刷材料为主的教科书、百科全书、杂志和报纸中的文章，其内容一般是静态的。动态资源是指频繁持续地发生变化的学习资源，包括网络资源和人力资源。人力资源可以是某一学科领域内的专家，也可以是学习伙伴。学习资源的选用一般是综合性的，即静态资源和动态资源相结合。随着信息技术和 E-learning 的迅猛发展，网络资源将日益成为主要的学习资源类型。学习资源是一个系统，包括人、材料、工具、设施和活动五大要素，每个要素均具有"自在的"和"自为的"特性。"自在的"资源是指整个人类环境中具有的、可利用的资源系统；

"自为的"资源是指为达成一定的教育/教学目的而特地设计出来的资源系统。

3. 主题

所谓主题，是指整合教学目标的、跨学科的学习内容或学习任务。主题的覆盖面很广泛，只要学习者感兴趣或为教学所需，主题可以是任何事物（如宇宙、森林、河流、水果、动物）或任何现象（如污染、和平、饥饿、战争）。主题可以分解成许多的问题，问题又可以进一步具体化为可操作的任务。

主题是基于资源的主题教学的前提，主题开发的优劣直接影响教学效果。在开发主题的过程中，可以参照一些基本理念。

（1）主题应由师生共同开发

主题开发一般有三种方式，即教师提供、师生共同开发和学生独立开发。我们一般提倡由师生共同开发。

（2）主题要具有亲和力

主题必须让学生感到熟悉、亲切、有趣，要与学生的生活现实和时代发展密切相关。

（3）以"劣构性"问题为主

劣构问题一般处于并且来源于特定的情境中，有一个以上方面指定不明确，问题描述不是很清楚或定义不明确，或者在问题陈述中不包括解决问题所需的信息。劣构问题能较好地培养学生的综合能力、批判性思维能力、人际交往能力、实践能力等。

（4）主题具有跨学科性或综合性

以多学科知识为基础，使学习者将在分科科目中学到的知识综合起来，用以解决真实的问题。因为真实世界中的问题求解过程本来就是综合性的。

（5）主题具有智力/非智力方面的挑战

所谓挑战性，即解决问题所需要的能力一般稍高于学生已有的智力/非智力水平。挑战性的主题有助于激发和保持学生的学习兴趣。

（6）主题要有目标整体性

主题应当是整合了知识技能、过程方法、情感态度与价值观目标，以使学生在学习过程中获得知识、培养能力和发展情感水平。

（7）主题要有实践性

学生将所学知识应用于实际，以培养学生分析、解决实际问题的能力。

主题教学强调的是对于不同领域知识的统整，针对主题进行相关数据的探索与整理，所要培养的是知识统整的能力。具体来说，主题教学就是围绕确定的主题，在兼顾知识的广度和深度的同时为学生提供良好的知识建构的学习情境，它不仅仅是一种独立的教学模式，还是一种课程组织模式。在主题教学中，不同的学习内容可以采用多样的学习活动给予支持，如探究学习、问题导向学习、基于项目的学习，甚至课堂讲授、操练与学习，都可以是主题学习中的综合组成部分，其目的主要是让学习者通过资料的搜集整理、问题解决、主动探究等多种学习方式，实现对主题的深入理解，实现学科知识的整合，实现学习与社会以及学习者自身的整合，从而培养学习者解决问题的能力、高级思维能力，促进学习的迁移。主题学习是一种新型的课程形式，以主题承载整合的信息技术支持的课程单元。主题学习与主题教授内涵是一致的，只是前者更突出学生的"学习"主体性。

（二）基于资源的主题教学模式的基本特征

基于资源的主题教学是指学习者围绕一个主题，通过充分发掘和利用各种不同的资源，并遵循科学研究的一般规范和步骤而进行的一系列探究活动，其目的是让学习者提高问题解决、探究、创新等能力，促使学习者的学科素养和信息素养同时得到提升。基于资源的主题教学模式的基本特征如下所述。

1. 探究性

探究是基于资源的主题教学中的核心手段、方式和方法。在教学过程中，强调自主探究和协作探究，让学生在问题求解的过程中学会综合利用知识、内化知识，倡导学生积极动手、动脑，使学生真正愿意学，体会如何学。

2. 跨学科性

突破了学科本位，需要多学科知识的综合，将各门相关学科的相关内容综合利用，采用模拟研究的方法，解决真实的问题。这种学习既提高了学生的兴趣，又培养了学生融会贯通知识的能力，从多角度、多层面思考问题的能力和习惯。

3. 任务驱动性

在一个大主题的前提下，学生通过解决大主题带来的一个个问题而达到学习目标。有问题就会带来任务，分析任务是解决问题的前提。解决与自身生活密切相关的真实问题，容易使学生积极投入学习过程，使教学真正做到以学习者为中心，使学生获得一种成就感。

4. 反思递进性

提倡行动研究，注重利用新型的评价观评价学习过程，要求学生和教师在学习过程中不断反思，完善探究学习过程。

5. 资源利用广泛性

无论何种媒体、何种形式，只要对学习者有帮助就是有用的资源。

6. 具有主题性和情境性

资源并不能直接用来解决主题所生成的真实的问题，学习者必须先将资源进行加工处理，内化为自己的知识，再利用知识来解决问题。这个加工处理的过程就是情境化的过程。在基于资源的主题教学过程中，资源通过主题而聚集，经过学习者情境化后，才能服务于主题。

简言之，基于资源的主题教学模式是以主题开发为前提，以活动探究为核心，以信息技术为支持，并从多维角度评价整个教学过程。

（三）基于资源的主题教学设计模板与误区

1. 基于资源的主题教学设计模板

模板是一种帮助、引导或支持教学设计的框架，它将设计的要素提取出来，构成一个整体结构。参照模板可以更加便利地设计基于资源的主题教学计划。但设计模板只是一种普遍性的参照，在教学过程中还应该根据实际情况进行拓展或变通，使其符合具体情境的需要。以下是钟志贤教授提出的基于资源的主题教学设计模板，如表 5-1 所示。

表 5-1　基于资源的主题教学设计模板

要素	主题教学设计模板
主题标题	写出主题学习的名称。
主题介绍	对主题进行简单的解说，并做总体性的概要说明。介绍中可以用复杂有趣的事情和精辟的语言吸引学生，也可用案例形式创设情境。
学习对象	完成主题学习的年级，一些主题是可以跨年级的。
学科	主题单元所涉及多学科的种类，尽可能全部写出：学科1、学科2……学科 n。
总体目标	具体详细地列出完成主题学习能达到什么样的知识目标、技能目标和情感目标。 知识目标： 技能目标： 情感目标：
任务和问题	一个主题可以分解成多个具有操作性的任务或问题。这一部分要告诉学生需要完成的任务或要解决的问题，让他们明白自己到底要做什么。问题最好是没有清晰答案，甚至是有争议的，这样可以让学生着迷、惊奇和疑惑，引起解决问题的兴趣。 任务 1/ 问题 1 任务 2/ 问题 2 任务 n/ 问题 n

要素	主题教学设计模板
资源	与主题相关的工具资源、印刷资源、网站资源、人力资源等（可任选几种资源列出）。 材料资源 印刷资源 计算机和 CD-ROM 资源 网站资源 视音频资源 社区资源
活动过程描述	详细介绍完成任务和解决问题过程中开展的一系列活动，同时加入一些必要的学习建议。活动中还需要介绍学生的分组情况以及任务分配情况。此过程也可以用流程图表示。 活动一： 活动二：
主题学习评价	介绍整个主题活动中的评价内容和评价方式，可使用多种评价方法：观察法、作品集评价、量规测试等。
主题成果展示	设计主题学习的各种成果的展示方法，例如： 多媒体展示 主题网站展示

2. 基于资源的主题教学设计误区

在现有的主题教学实践中存在着一些问题，主要表现在以下几方面。

①把主题教学神化。似乎只有它才能教出好课来，所以不论什么样的教学内容都去套，致使主题的确定存在泛化倾向，随意地选择一些内容作为主题开展教学，为了主题教学而主题教学的情形屡见不鲜。

②对主题学习的理解，仅仅停留在教学方法论上，仅仅把它作为一种教学方法来看待，这样就很容易被所谓的教学模式教条化、理想化。

③对主题资源的设计陷入"高投入、低效益；高重复、低水平；高消耗、低应用"的困境。绝大多数资源是面向教师的教学资料或者是为学生提供一些简单的静态的资源堆积，这些资源缺乏生命活力，缺乏对学生主体的考虑，难以支持主题学习活动的开展。

（四）基于资源的主题教学效果评价

基于资源的主题教学评价提倡综合性评价和过程性评价，倡导评价内容的丰富性和评价方式的多样性。在基于资源的主题教学活动过程中，通过充分恰当地探究，有利于培养学习者的综合素质，如问题意识、科学素养、信息素养、创新能力、实践能力、自主/协作能力和评价反思能力。在教学效果价值取向方面，基于资源的主题教学评价比较关注学习者的问题意识、探究能力和反思能力的发展。

第一，问题意识。问题的确定非常重要，是开展基于资源的主题教学活动中非常关键的一步。学生能否发现问题，取决于学生的问题意识强不强。学生问题意识的强弱，主要从学生的观察力、求知欲以及丰富的知识经验三个方面评价。

第二，探究能力。探究能力是基于资源的主题教学活动所培养的核心能力。在探究的过程中，重点培养学生的信息素养、自主能力、协作能力、学习策略、批判性思维能力等。

第三，反思能力。除了教师、专家、家长等人员对学生学习效果进行评价以外，还需要学生对自我学习效果进行不断反思。反思是一个反省的过程，一个自我评估的过程。反思主要是对前一阶段的学习任务进行反思，获取反馈，了解自己所获得的知识，知道自己的不足，明确改善措施。

下面给出相关的教学评价量规。

1. 信息素养的评价

信息素养主要是学生沉浸于信息资源之中所获得的，其核心是信息能力，即获取、评价和利用信息的能力，如表 5-2 所示。

表 5-2　信息素养的评价项目

项目	评价内容
信息意识	（1）详细陈述任务、项目或信息需求；（2）陈述信息需求的目的；（3）开始搜索策略；（4）将所需的信息与已知的信息相联系；（5）确定适当的资源，利用一般的参考资源（包括人、多媒体、WWW、印刷媒体），用自己的语言重新陈述自己的观点。
根据所需信息形成问题	（1）提出各种疑问（如查找信息，分析，形成看法）；（2）根据主题陈述形成一个主要的问题；（3）写出关键词、概念和短语。
确定潜在的信息资源	（1）确定和使用各种与研究主题相关的资源（包括多媒体、WWW、印刷媒体等）；（2）逐渐形成数据库结构；（3）理解数据库和印刷资源的局限性（日期、错误、固有的学科限制、时间表、资源更新）；（4）区分主要资源和次要资源；（5）确定可搜索到的可用数据库。

项目	评价内容
开发和使用最恰当的搜索策略	（1）获得所需信息资源的印刷和技术材料；（2）利用电子资源查找、获取和转化信息；（3）知道何时以及怎样获取图书管理员的帮助，特别是在获取图书资源的时候；（4）系统地组织信息；（5）理解各种数据库搜索方法的优缺点（关键词、纯文本、固定词汇、综合性的纯文本／固定词汇、布尔运算）；（6）在必要的时候知道如何扩大和缩小搜索范围；（7）知道信息是一种方法或多种方法综合组织起来的（如日期、作者、地理位置、作品类型）；（8）解释参考资源中的信息，包括电子资源；（9）在必要的时候修订或展开主题陈述；（10）利用主标题或交叉参考资料找到其他资源；（11）确定资源的可靠性；（12）在使用电子资源时注意遵守已确立的网络协议和当地的网络规则；（13）确定资源的有效性，知道如何获取在当地无法找到的资源；（14）知道如何印刷、复印、下载，等等。
评价信息	（1）区分事实与观点；（2）确定信息的流通渠道和真实性动机、观点、偏见、学识、面向的对象、客观性、一致性；（3）删除无关的信息；（4）区分通俗与学术资源。
利用信息	（1）清晰地交流信息；（2）精确地解释信息；（3）确定最有效的陈述方法（确定目的、对象、过程）；（4）准备一份精确的参考资料；（5）整合各种资源中的信息。

2.学习策略的评价

学习策略是指学习者在学习活动中有效学习的程序、规则、方法、技巧及调控方式。根据学习策略的意义，可以将学习策略概括为认知策略、元认知策略和资源管理策略，如表5-3所示。

表5-3　学习策略的过程

策略类型	定义	构成	实例
认知策略	指导学生懂得如何获取、选择、组织信息，复习得的内容，将新内容与记忆中的信息发生联系，以及保持和检索不同类型的知识。	复述策略	重复、抄写、做记录、画线、默念等。
		精细加工策略	想象、口述、总结、类比、做笔记、答疑等。
		组织策略	组块、选择要点、列提纲、画地图等。
元认知策略	是关于如何"学会学习"的高级认知策略，具备元认知策略的人能够很好地控制自己的思维过程与学习活动。	计划策略	设目标、浏览、设疑、回忆经验等。
		监视策略	自我测查、集中注意力、监视领会等。
		调节策略	调整速度、重新阅读、使用应试策略、复查等。

续表

策略类型	定义	构成	实例
资源管理策略	是关于如何利用环境资源的方法与技能。具备资源管理策略，可以充分地将外部环境调整到最佳状态，为学习创设好的外部条件。	时间管理	定时间表、设置目标、调整作息等。
		环境管理	寻找固定、安静的或有组织的学习场所等。
		努力管理	归因于努力、调整心情、内省、自我强化、坚持不懈等。
		他人支持	寻求教师、伙伴、小组帮助，参加伙伴/小组学习，获得个别指导等。

3. 反思能力的评价

反思能力评价贯穿于学习活动始终，主要内容如表 5-4 所示。

表 5-4　反思能力的评价阶段与内容

反思的阶段	反思的内容
学习活动开展前	学习目标是否明确；学习活动拟定的时间、内容、方式等是否合理；完成学习任务所需的工具是否妥当等。
学习活动进行中	学习注意力是否集中；学习策略是否合理；初步的学习效果是否满意；是否需要调整等。
学习活动完成后	学习效果如何；调整是否有效；有哪些经验教训等。

4. 批判性思维的评价

批判性思维是创新思维的基础。具备积极的批判性思维倾向的人有七种关键特征，如表 5-5 所示。

表 5-5　具有积极的批判性思维倾向的人的七种关键特征

特征	阐释
智能冒险	开放性思维、探究不同的视点，对狭窄的思维极其敏感，能够产生多种选择。
智能好奇	持续的疑惑、探查、发现问题、热衷质询，对非常规敏感，能够仔细观察阐明问题。
寻找理解	寻求清晰的理解，找出联系与解释，对混沌敏感，致力于建构概念。
智能策略	确定目标、制订并实施计划、想象结果，对缺乏方向敏感，能够阐述目标与计划。
智能严谨	力求精确、组织化和彻底，对可能的错误和不精确敏感，能够准确地加工信息。

续表

特征	阐释
评价理性	对既定事物质疑、要求合理，对需要的证据敏感，能够权衡和评价理性。
反省认知	意识到并监控自己的思维流向，对复杂的思维情境敏感，能够对思维过程进行控制与反思。

5. 自主 / 协作能力的评价

自主能力与协作能力主要从自主探究活动和协作探究活动中培养。这两种能力并不是孤立地进行培养，而是相互融合在探究活动中，如表 5-6 所示。

表 5-6　自主能力与协作能力的评价参照

自主能力评价	协作能力评价
（1）能否独立完成所承担的任务； （2）能否独立查找、分析信息； （3）能否灵活处理学习中出现的问题，对问题提出多种答案 / 解决方案； （4）能否获取与主题有关的资料，并对现实生活中的问题进行分析，提出有效的解决办法； （5）能否设计有创意的问题解决方案； （6）能否形成独特的解决问题风格。	（1）能否始终与小组目标保持一致，积极参与小组工作； （2）能否对所有小组成员的感受和学习需要很敏感； （3）能否接受和履行小组中的个人角色； （4）能否积极提出自己的见解，贡献自己的技能和知识； （5）能否评价所有小组成员的知识、观点和技能，鼓励小组成员做出贡献； （6）能否帮助小组做出必要的变化，并鼓励小组为变化做出行动。

（五）基于资源的主题教学模式相关案例

案例名称：基于设计的网站制作。

1. 学习对象

在开展本次教学活动之前，学生已掌握简单的网站制作技巧和网站设计初步知识，能在教师的引导下，有序地开展小组合作，具备一定的合作探究、解决问题的能力。

2. 主题与任务

要求学习者能够把通过平面设计软件设计好的网页效果图变为扩展名为 .htm 或者 .html 的网页文件，在不破坏视觉效果的基础上，实现网页中的各项功能。制作分为三个主题和任务。

主题一：利用切割制作网站欢迎页面。

案例要点：切片工具使用、切割规则、存储为网页所用格式设置。

目标描述：了解欢迎页面切割的目的，掌握切割的方法，初步学会

Photoshop 和 Dreamweaver 结合使用来完成网站欢迎页面制作。

主题二：制作网站的主框架页面。

案例要点：框架页的切割、二次排版、隐形表格。

目标描述：了解主框架页切割的目的，掌握切割的方法，进一步学会 Photoshop 和 Dreamweaver 结合使用来完成网站制作。

主题三：完成整体网站制作。

案例要点：Flash、Frame、插件、查找和替换。

目标描述：掌握一些目前在网页中比较流行的技术，最终完成网站制作。

3. 信息化教学资源

开展主题网站开发，内容可以包括教学课件、图片欣赏、知识探索、学习测评、同步练习、参考资料、教案示例等，可供教师和学生共同探索，也可以借助网络资源进行辅助教学。

4. 教学过程设计

首先，创设情境，提出任务要求。

其次，小组分工，进行组织探究。第一小组负责主题一，第二小组负责主题二，第三小组负责主题三。

小组成员进行讨论，制订研究计划，并上网查询相关资源，也可以由教师提供资源。掌握资源后小组成员进行具体操作。

最后，交流研究成果，进行成果评价。每个小组指定一名同学汇报研究的成果，结合实例讲解。讲解结束后结合评价量表进行评价，可以采用组内评价、组间评价和教师评价等多种评价形式。

第六章 高职教师信息化教学路径探讨

随着信息技术的不断深入，高职院校专业发展与时俱进，实行网络信息化教学将成为教师的一个重大考验，对教师的信息化教学能力提出更高的要求。只有有效开展教师信息化教学能力的培养，才能将信息技术实际运用到课堂教学中。本章主要从高职教师信息化教学能力培养的现实意义、"互联网+"时代下高职教师信息化教学能力提升研究、高职教师信息化教学能力培养策略和信息化环境下高职课程信息化教学路径分析等方面进行了相关研究。

第一节 高职教师信息化教学能力培养的现实意义

一、适应教育信息化发展的迫切需要

高职院校以培养实用型技术人才为主要教育方向，对学生的职业素养有较高的要求。适应时代和社会发展对专业人才的市场需求，"教育要面向现代化，面向未来"，我国的教育模式也需要随着社会和时代的进步进行变革，而网络信息化技术是当前时代发展的主流，信息技术在教育行业的应用也将是未来教育模式的发展趋势，所以高职院校需要推进信息化教学的实施，加快培养高职教师信息化教学能力。

二、提升高职院校国际竞争力的迫切需要

在国际上，欧美发达国家基于自身先进的科技发展优势，早于世界上绝大多数国家实行信息化教育建设，将先进的信息化技术应用到教育教学中，应用到对人才的培养中，并不断改进创新，持续发展，因此培养出的复合型人才在很大程度上具有较强的国际竞争力。然而，我国实行信息化教学建设相对较晚，发展仍然不够成熟，十分不利于对未来人才的教育，不利于提高国际竞争力，因此高职院校亟须增强教师的信息化教学能力，以培养发展型人才。

三、推进高职院校教育教学改革的迫切需要

《教育信息化十年发展规划（2010—2020 年）》指出："利用信息技术开展启发式、探究式、讨论式、参与式教学，鼓励发展性评价，探索建立以学习者为中心的教学新模式，倡导网络校际协作学习，提高信息化教学水平。教师必须跟上信息时代的脚步，改变陈旧的教学理念以及方法，更新教学内容，以满足社会对复合型专业人才的需求。"

高职院校通过开展信息化教学来优化高职学生的学习环境，有利于高职学生随时接触实时信息，随时掌握行业第一手资源，快速适应实时更新的数字化信息时代。

第二节 "互联网 +"时代下高职教师信息化 教学能力提升研究

一、"互联网 +"时代下高职教育的变化

（一）培养目标的改变

在"互联网 +"时代背景下，社会大环境发生了翻天覆地的变化。社交网络普及、大数据热潮的出现，意味着教师与学生所掌握的信息技术应用能力以及通过信息技术手段进行教学的创新创造能力成为新环境下竞争的核心技能，新时代人才核心竞争力的改变要求高职院校在人才培养目标方面要从过去重点强调知识传授、原始技能培养转变为传授学生生存于信息化社会的方法与能力。相比于知识本身，获取知识的技能变得越来越重要，这些技能包括学习创新技能、数字素养技能、职业素养技能。其中，数字素养技能的内涵更丰富、更重要，也是"互联网 +"时代社会竞争的核心技能。以上人才竞争技能都对当代高职教育创新型人才培养提出了新的要求。

（二）培养对象的变化

美国著名学习软件设计家马克·普连斯基于 2001 年在《数字原住民，数字移民》一文中按人类信息技术接受与应用程度将学习者分为"数字原住民""数字移民"和"数字难民"三大类。"数字原住民"是指在数字时代成长的新生代，他们能易如反掌地应用数字工具和现代通讯方法。"数字移民"是指社会里年纪较大的成年学习者，他们成长时没有数字技术工具的陪伴，成年后开始接触数字科技，只有经历较为艰难的学习过程才能适应崭新

的数字化环境，才能与周围的"数字原住民"有效沟通。"数字难民"是指社会上选择逃离而不是融入本土文化的老年学习者，他们逃避面对甚至反感数字化生活方式。按照这种分类方式，今天的高职教育所培养的对象堪称真正意义上的"数字原住民"，他们绝大多数是生于20世纪90年代初及其以后的青年一代，从小生长在信息化、抽象化、数字化的社会里，手机、电脑、网络就是他们生活的工具与环境，数字化是他们的生存方式，因此他们的学习兴趣、学习方法、思维模式、情感交流方式与过去的"数字移民"学生相比发生了巨大的改变。如今，高职教育培养的对象可以称得上"数字土著"，他们的思维方式在一定程度上体现出超文本的、跳跃的特点，更喜欢视觉的冲击和多种感官的刺激，倾向于视觉化的、图表化的表达方式，例如各种网络表情在社交中的广泛应用已经成为"数字土著"语言的一部分。在日常学习工作中，"数字土著"大多沉迷于网络游戏和社交软件的应用，更倾向于"寓教于乐"的学习方式。利用互联网，他们消息搜索获取速度快，接受新事物速度快，学习新事物速度快，掌握新技术速度快，网络语言传播速度快，朋友沟通速度快。

（三）教学环境的改变

电脑和多媒体丰富了传统的课堂教学，现在数字终端和互联网成为推动教学创新与教学变革的强大外力。随着"互联网+"时代的到来，特别是网络技术与移动通信技术广泛的应用，大大拓展了教学的空间，延长了教学时间，信息密集、快捷方便的远程教学、虚拟学校使得教学不再受时间、地点的约束，学习环境更加自由，教师教学灵活性提高，学生学习自主意识不断增强。

二、"互联网+"时代下信息化教学与传统教学的关系

从技术与教学互动的发展史来看，教学形态出现了从传统教学、多媒体教学到信息化教学的发展趋势。"互联网+"是个新生事物，它的出现及其与教育教学的融合渗透，创造出无限可能的教学形态。"互联网+"热潮的出现，一方面要求教育工作者要关注时代为现有教育教学带来的机遇与挑战，思考现有教学方式的不足，利用"+"号的无限可能改进现有教学方式，提升教学效果；另一方面，"互联网+"时代的信息化教学改变了知识传播的载体，相比于传统教学，信息化教学在知识传播方式与传播效率方面具有显著的优势，但这并不意味着传统教学方式会完全被信息化教学所取代。在如今这个包容、多元化的教学环境下，探索和发挥各种教学方式联合使用的优势应该被大力提倡。同时教育工作者应该保持清醒的头脑与认识，不管在什

么时代，采取何种多样化的教学手段，教与学才是根本出发点，它并不会因为时代改变、教学手段的改变而变成非教学的东西，所以无论是现在普遍采用的多媒体教学方式，还是"互联网+"信息化教学方式，教师与学生始终要处理好教与学的关系，从而实现教学相长。

三、"互联网+"时代下高职教师信息化教学能力提升策略

近年来，基于大数据的学习分析、云计算等新技术和新理念改变了学生的学习方式和教师的教学方式；视频公开课、开放教育资源，丰富了教学资源形式；翻转课堂、网络社交媒体拓展了知识的获取形式，为教学改革创新带来了新的契机。因此，高职教师及相关管理部门应该从以下几个方面着手提升教师信息化教学能力。

（一）教师应发挥自主学习的能动性

高职教师的信息化教学能力是否能够有效提升，最主要的内因是自身的能动性。一是自主学习。由于高职教师自身的学科背景不同，对信息化教学的运用能力也大相径庭，这就要求教师要不断更新自己的专业知识，学习现代教育学、心理学等相关理论，提升自身修养，努力提升自身信息化教学水平。二是在职培训。高职教师应利用闲暇时间主动参与各种形式的信息化教学培训活动，通过交流、观摩，切实提升信息化教学能力。三是以教学反思及课题研究驱动学习，开展相应的研究提升教育教学水平。通过相关研究及反思，有利于丰富和完善高职教师信息化教学理论知识，不断提高其自身的信息化教学能力。四是注重对信息化资源和手段的灵活运用。在教学过程中不能为了信息化而信息化，应注重实际教学效果。在教学过程中，教师应结合课程应用 VR 技术、大数据旅游 App、蓝墨云平台等信息手段。

（二）加强学习意识，更新教学理念

"互联网+"时代的信息化教学，只是利用了新的载体与手段进行教学，无论什么形态的教学，要想取得理想效果，教师的自我更新与提升才是至关重要的。只有教学理念跟随时代进步了，运用先进的理念指导教学行动，才能收到理想的教学效果。对"互联网+"没有宏观的把握，对信息化教学没有正确的理念认识，就无法开展有效的信息化课堂教学，这也是高职信息化教学要解决的首要问题。

在部分高职教师中，尤其是前面提到的"数字移民"与"数字难民"类教师群体，他们在经过十几年甚至几十年的教学后，都已经形成了个人固有的教学模式与教学习惯，要让他们在短期内改变固有教学模式、接受新兴教

学模式是非常困难的。对数字化与信息化不敏感的教师普遍认为，信息化教学就是在教学中使用图片、音频、视频、PPT 课件演示教学内容，事实上，这混淆了多媒体教学与信息化教学的区别，是对信息化教学本质的错误理解。真正的信息化教学是指教师能够充分利用现代信息技术手段，根据教学内容合理构建学习情境，引导学生通过资源与信息的搜集，依据自己实际认知水平与学习能力来开展自主探究式与协作式学习的教学方法。

（三）善于利用互联思维与大数据思维

"互联网 +"的信息化教学并不是将多媒体教学内容通过 PC 应用程序简单地在终端设备上呈现，而是要根据教学内容和学习对象，面向智能终端或移动终端的中小屏幕，用互联思维融合各种优质资源，根据学生的碎片时间学习特性开展合理的教学设计，为学习者提供传统互联网所不具备的移动互联网创新教学功能。同时，在传统教学中，高职教师的教学往往都是依据经验教学思维，分析总结学生学习情况，改进教学实施办法。在"互联网 +"时代，物联网、云计算在教学中的运用，使得教育领域积累了海量的数据，教师应该善于运用大数据思维对学生学习过程、学习行为进行解释与分析，从而评估学生的学习效果，得到每个学生的真实情况，发现潜在问题并实施有效教学改进。比如利用目前的信息技术总结的数据，可检测学生的学习行为和学习经历，方便教师针对学生整体和学生个体进行有针对性的教学；利用大数据开展学业质量评价，帮助教师优化教学内容、调整教学安排，为学生提供个性化的学习服务。

（四）开展全方位的教师培训

教师培训是提高教师专业素质及教学技能的重要且有效途径。高职教师的信息素质高低直接影响信息化教学设备的应用水平、利用效率与信息化教学的应用效果，高职院校本身以及教育主管部门应当根据教师的年龄结构、专业结构、知识结构、既往学习情况等提供分层次的进修培训，通过为教师提供信息教育技术方面的培训，为"互联网 +"信息化教学提供人才保障。当然，除了培训对象应该分类以外，培训内容也应该分模块地系统化层层推进。首先是信息化教学基础理论学习。学校可以组织全体教师以教研组、专业为单位，学习与信息化教学有关的内容，从抽象的文字概念上对教师进行信息化教学普及，建立初步的印象。其次是提升认识学习。在了解了信息化教学的相关内容后，邀请同行与专家开展信息化教学专题讲座，专题内容具体涉及信息化教学资源建设、信息化教学设计、信息化教学实施与信息化教学效果评价等方面，分专题细化信息化教学的内容，拓展提升教师对信息化教学认识的广度与深度。再次是具体案例学习。组织经验丰富的教师进行信息化教学案例与作品展示讲解，结合具体课程作品，介绍设计初衷、设计思路、设计过程，将信息化教学理论落实到教学各个环节，更加直观、生动地呈现在教师面前，使教师能够更清楚信息化教学具体如何开展。最后是实操巩固练习。学校采取相应的激励措施和资金技术支持，鼓励一线教师在日常教学中进行信息化教学尝试，开展信息化教学比武，组织全体教师进行信息化教学案例征集，真正通过个人的实际操作，将信息化教学理论内化为教师信息化教学的能力。

（五）政府加大投资力度，高校加强硬件建设

"互联网 +"信息化教学打破传统教学模式，通过构建虚拟教学空间，建设以专业教学资源库为核心的教学应用平台，并通过资源共享，为更多的教师提供优质的教学准备、教学演播及教学评估条件。然而，信息化教学能否顺利开展与校园网在日常教学中的应用普及有关，校园网的硬件建设在很大程度上影响并决定着师生参与信息化教学的兴趣与热情。

对教师而言，校园网能否有效地支持备课以及上课，能否提供便捷流程平台供师生教学交流；对学生而言，能否主动参与校园网的专题讨论以及网上投票，能否利用校园网顺畅学习教学资源，能否使用即时通信软件联系教师，都是影响信息化教学开展的关键因素。随着国家和地方教育主管部门越来越重视教育信息化，而且部分高职信息化教学取得了一定的成效，所有高职院校要提高认识，紧跟时代，抓住机遇，积极争取更多资金支持和政策优惠待遇，加快推进学校的信息化软硬件和师资队伍建设。

信息技术不能取代教师，但不利用信息技术进行教学改革的教师必将被淘汰。在"互联网 +"时代，高职教师的信息化教学能力是衡量一名教师综合能力的重要标准。我们应该根据高职教师的内在需求，构建高职教师信息化教学能力培养体系，不断提升信息化教学水平，才能培养满足社会发展需求的创新型人才。

第三节　高职教师信息化教学能力培养策略

高职教师信息化教学能力培养的总体目标是树立高职教师的信息化教学理念，使高职教师掌握信息化教学的基本理论、方法，并能在实际教学过程中运用信息化手段进行教学设计、教学实施、教学评价等活动，并具备良好的信息化素养。在这一目标下，可以把高职教师的信息化能力培养策略按照"规划、培训、资源、评估"的思路，切实提升高职教师的信息化教学能力。

一、建立健全教育培训体系

社会信息化日新月异，迫切要求高职教师必须不断地学习新的信息技术，并将新的信息技术知识渗透到教学中，提高信息化教学能力水平。培训活动是提高教师信息化教学能力的有效途径之一。培训活动要围绕教学观念、教学内容、课程体系、教学方法、教学手段等方面进行，提升教师的信息素养。

①建立和完善高职教师信息化教学能力培训制度，促使教师主动参加培训。

②在培训内容方面，既要重视技术知识和应用的培训，又要重视把培训与教学活动有机结合起来。

③要采取更加灵活多样的培训模式和教学方法，如集中培训、分散培训、面授、网络培训、教师自学等培训方式。

二、积极营造信息化教学环境

教育部在《教育信息化十年发展规划（2011—2020年）》的报告中提出"在各级各类学校设立信息化主管，在高校和具备一定规模的其他各类学校设立信息化管理与服务机构，全面加强教育信息化工作的统筹协调，明确职责，理顺关系。"高职院校领导应重视信息化教学工作，结合本院校教师信息化教学能力现状，制订本校教师信息化教学能力提升规划，有计划、分步骤地实施落实。同时，加强对本校教学信息化软硬件建设：建设一支高水平的信息化管理队伍，负责本校教学信息化，包括软硬件建设、管理、维护等方面的工作，为教师信息化教学提供保障。高职院校应制定切实可行的信息化教学激励政策，如对信息化教学大赛获奖的教师予以奖励，或在教师评定职称时给予政策性支持，或制定有关鼓励教师积极参与信息化教学能力培训的制度，激发教师参与信息化教学的热情，营造信息化教学环境，促使教师在此环境中运用信息技术提高教学质量，培养创新型人才。

三、强化顶层设计，建立长效机制

高职院校应及时制定符合信息化教学的校园建设标准、教学资源开发标准、教师教育技术能力标准，构建网络化、数字化、个性化的教育平台。同时，针对高职教师信息化教学能力的培养，需加强"顶层设计"，建造完整的信息化教育系统。

①高职院校引导教师深入认识、学习信息化教学的培养方案，理解掌握

带领学生运用信息化教学的关键，以确保信息化教学方式能够在学生中顺利实施，并取得有效的教学成果。

②为确保信息化教学的顺利推进及发展，保证职高学生的学习效率，需要完善信息化教育系统的运行机制，完善职高教师的绩效考评体系，以促进教师教学能力的提升。

③注重学生对实行信息化教学模式的反响，进行相应的调查研究，了解学生对该教学模式的接受程度，一切以有利于提高学生的学习质量和学习效率为主要目标。

四、优化人才培养方案，改革教学模式

教师的教育思想、教学观念、知识结构与教学技能需全面提升，针对教师所开展的综合训练和培训内容需要不断更新，实现信息化先进技术与高职学生课程学习的目标整合、内容整合。采用开放、协作、创新、分享的互联网思维来重新审视教学改革，充分分析学生的现状、需求、习惯，开创更具有实施应用价值的教学模式，开放的自主学习平台、网络课程、虚拟的视频课程教室、仿真实训平台等，激发学生的学习兴趣。对信息化环境下的人才培养模式进行综合改革，制订创新的多层次、多方向、灵活的人才培养方案，提高专业与服务的结合度、融合度与认可度，实现人才培养与职业资格、岗位规范相对接。高职教师要加快信息技术与教学过程、内容与方法的深度融合，提高学生职业技能竞赛、职业资格考证、岗位实习实训的水平，切实提高职业能力与信息素养。

五、培养人才梯队，发挥教师的辐射效应

在针对信息化教学模式的认识、理解、学习并逐步掌握据为己用的磨合过程中，不同教师的学习能力也不尽相同，掌握程度也参差不齐，那么适应能力、学习能力强的教师就会迅速成为信息化教学中的主要教育力量，从而形成人才培养教师梯队。针对教师梯队，可以建立奖励激励机制，对信息化人才教育的主力军给予适当的奖励，以激励高职院校教师不断提升自身的信息化教学能力。同时，可以开展一系列的信息化教学课程培训、合作交流、名师空间课堂与竞赛活动，带给教师课程教学示范的同时，向广大师生及学生家长传播信息化教学模式的全新教学理念，保进信息化技术在教育教学中的持续发展。

六、构建多维信息化教学能力提升平台

高职院校可以通过重视教研室活动、成立名师工作室、开展多角度培训、建设网络平台、举办教师教学大赛、成立教学督导等方式，为提升教师信息化教学能力提供平台。

（一）重视教研室活动

高职院校可以以教研室为载体，开展课例探讨、教学沙龙、教学工作坊等活动，从而帮助教师解决教学中的实际问题。

（二）成立名师工作室

高职院校可以邀请信息化教学能力强的教师为青年教师传授经验，教学名师应定期或不定期对青年教师进行培训，介绍授课过程中信息化教学应具备的理论知识、方法和技巧，塑造良好的传、帮、带氛围。

（三）开展多角度培训

高职院校应以教学为主，积极组织信息化教学培训，提升教师信息化教学水平，可按照专业、职称、教龄等维度进行针对性培训。同时鼓励教师教学不要局限于 PPT，可以结合自身专业特点尝试使用其他信息化教学平台，形成信息化教学的多样性。

（四）建设校园网络基础支撑平台

高职院校应建设校园网络基础支撑平台，由学校统一组织专业人才丰富信息化教学资源，支撑信息化教学资源的开发、管理和监控。或利用微信公众平台，分享先进的信息化教学理念并推送信息化教学资源。

（五）组织教师教学大赛，提高教学水平

除了国家及省组织的信息化教学大赛外，高职院校应定期举办信息化教学比赛，制定比赛的参考方案和标准，提升高职教师对信息化教学的认知。

（六）成立教学督导，加强教学过程监督

高职院校应成立教学督导，秉着以"导"为主，以"督"为辅的原则，通过对教师教学过程的监督，发现信息化教学的不足及改进策略，从而有效促进高职教师的发展。

七、构建高职教师信息化教学能力立体化评估体系

高职教师的信息化教学能力是一项综合能力，单一的评价标准很难对教师的信息化能力进行全面而准确的评价，因此必须构建高职教师信息化教学能力立体化评估体系。可以建立教师信息化教学能力电子档案，记录教师信息化教学能力的成长过程；组建教师信息化教学能力成长社区，通过教师的经验分享、群内辅导、合作学习等途径提升教师的信息化教学能力，并实现群内互评。

第四节　信息化环境下高职课程信息化教学路径分析

我国的教育部门对职业教育的要求越来越高，大部分高职院校为了响应当前关于职业教育的教育政策，已经逐渐做出了改变，课程信息化趋势就是我国职业教育发生改变的一个明显体现。高职院校的教师应当转变自己的教学观念，致力于提升教学活动的信息化以及现代化。

一、课程信息化概述

如果想要明确课程信息化的内涵就必须先对其实质以及特点进行了解。课程信息化实际上就是将信息技术与职业教育相结合，教师通过使用当前社会比较先进的信息技术进行授课，使课堂更加高效并且充满趣味性。信息化的课程主要分为三个阶段：设计、实施、评价。在这三个阶段，高职院校的教师与学生的关系与地位均未发生改变，学生仍旧是课程的主体，教师依然处于主导的位置，改变的是教学途径，教师需要在备课过程中重新对课程进行设计，而教师应用的最主要的技术则是计算机技术。

信息化课程具有跨界性。由于课程中融合了信息化元素，使得高职院校的课堂不再具有极强的封闭性，而是逐渐向社会开放。因为信息技术的发展方向即是现代先进生产力的发展方向，而现代企业通过不断地提升企业内部的生产力来带动企业的整体发展，信息化课程必然采用职业学校与社会相关企业合作的实践模式，这无论对于高职院校的教师、学生还是作为合作方的企业都是一件有益的事。企业可以获得年轻的技术型的人才，教师和学生可以对企业发展的实际情况进行了解，教师可以借此机会对自己的教学内容进行更新，学生也能通过实习来锻炼自己的实践能力，在还没有出校门时，就达到锻炼自己的能力的目的。另外这种课程还存在技术性的特点，因为高职课堂传授给学生的主要是具有应用性的技术，而再与信息技术相加，学生学到的就是双重技术，使得高职院校的学生的知识体系更加完善。除了这两种

特点之外，还存在经验性的特点，一般的课堂带给学生的都是间接经验，虽然其传授知识的效率更高，但是更加适合高职院校的学生的往往都是直接经验，信息化的课堂可以通过实训室、企业给予的现实工作环境使学生在实践的过程中获得实际经验。

二、高职课程教学信息化实现路径

在对信息化课程有了一定的了解后，我们可以针对它的跨界性、技术性和经验性的特点，根据具体的高职院校的实际情况进行路径的分析，主要有以下三种路径。

（一）生成产业技术

第一组"熔化—冷凝"发生在企业内部，属于学校课程信息化的前传。"熔化"是指企业为追求经济效益逐步采用信息化技术的过程，先进信息技术逐渐渗透到生产技术和生产组织方式中。生产技术是用原材料、半成品制造、安装产品的方法、步骤。生产组织方式是企业按照专业化原则，对输入的诸生产要素或生成资料进行合理组合与配置的一整套方法、规则，一定的组织结构形式、具体生产过程中使用的工具和手段。企业生产组织方式经历福特制、丰田制、温特制转变，信息化程度越来越高，组织结构变得柔性化、虚拟化。"冷凝"是指生产技术和生产组织方式经过系统整合、经济核算、制度规约，生成具有市场竞争力的产业技术，代表着某一产业或具体生产问题的方法、程序和模式。产业技术可表征劳动者的工作世界，是孕育信息化职业教育课程的母体。

（二）生成结构化课程

产业技术是一种结构，可用结构技术指标、技术发达程度指标、技术装备程度指标表述产业技术结构。其中，结构技术指标包括基础技术、主体技术、共性技术、相关技术，或分为实验技术、共性技术、应用技术、专有技术四个指标。技术发达程度指标分为尖端技术、先进技术、中间技术、初级技术和原始技术五个等级。技术装备程度指标分为自动化、半自动化、机械化、半机械化、手工工具五个水平，如数控机床、计算机辅助设计、计算机辅助制造、柔性加工系统、计算机集成制造系统等属于自动化技术。以上三个指标也是标识维度，在一定历史时期，三个维度值域相对固定于一定区间，从而构成三维的产业技术空间体量，称为产业技术空间发展体。

（三）生成信息化的教学环境

基于信息技术构建的信息化平台，将结构化课程方案分解为教学目标、教学内容、教学结构、教学组织，从而引起课堂教学结构变革。信息技术以工具形式与课程融为一体，使之成为教师的教学工具、学生的认知工具、重要的教材形态及主要的教学媒体。"信息化对高职教育的教学内容与教学组织方式、学校与社会的联系方式以及学校生存环境等都产生了持续而深刻的影响。"在此过程中，需要得到来自周围学习环境的能动支持和解释。使能作用对学习过程的支持和解释更具能动性、主动性。

第七章　高职信息化教学设计

教学设计也称为教学系统设计，是 20 世纪 60 年代以来逐渐形成并发展起来的一门实践性很强的学科。本章主要从信息化教学设计概述、高职教师信息化教学设计存在的问题、高职信息化教学设计方法和过程以及高职信息化教学设计评价等方面进行了深入、系统化的研究。

第一节　信息化教学设计概述

一、信息化教学设计的内涵

信息化教学就是在信息化环境中，教育者与学习者借助现代教育媒体、教育信息资源和教育技术方法进行的双边活动。

教学设计是以促进学习者的学习为根本目的，运用系统方法，将学习理论与教学理论等原理转换成对教学目标、教学内容、教学方法、教学策略、教学评价等环节进行具体计划，创设有效的教与学系统的"过程"或"程序"。

信息化环境下的教学设计又称为信息化教学设计。信息化教学设计是在建构主义学习理论指导下，利用计算机多媒体技术、网络通信技术、课程整合技术等先进技术，以学生为中心，充分发挥学习主体的主动性、积极性，以完成知识的意义建构与培养学生的创新能力为主旨的学与教设计。

建构主义学习理论强调以学生为中心，教学设计从"以学生为中心"出发，强调培养学生的首创精神和高级思维技能。整个信息化教学设计过程是非线性的，有时甚至是混沌的。其教学设计的重点是在意义丰富的情境中促进学生理解，注重信息化的学习环境的创设和学习资源的提供。

二、信息化教学设计的特征

与传统教学设计相比，信息化教学设计的特征有其独特性，两者的对比如表 7-1 所示。

表 7-1　传统教学设计与信息化教学设计的特征对照表

关键要素	传统教学设计	信息化教学设计
教学策略	教师导向	学生探索
讲授方式	说教性讲授	交互性指导
学习内容	单学科的独立内容	以任务形式的多学科延伸
作业方式	个体作业	协同作业
教师角色	作为知识传授者	作为学生学习的帮助者
分组方式	同质分组	异质分组
评估方式	对学习结果评估	对学习过程和学习结果评估

从表 7-1 可以看出，信息化教学设计的核心是教学过程设计，重视学习环境创设和学习资源的利用；学习内容为交叉学科专题，强调综合性；采用探究性学习、资源型学习和合作学习教学模式；教学评价注重教学过程，而不是仅仅依据终结性考试。

三、信息化教学设计的基本原则

信息化教学设计以建构主义学习理论为指导，充分利用信息技术手段进行基于资源、基于合作、基于研究的问题等方面的学习，使学习者在意义丰富的情境中主动建构知识。更加重视学习者的主体作用，通过各种新颖的学习方式，充分利用信息技术和信息资源，科学地安排教学过程中的各个要素，为学习者提供良好的信息化学习环境。信息化教学设计的基本原则可以归纳为以下几点。

（一）强调学习过程的评价

教学评价的目的，一方面是要检验教学活动的结果；另一方面，更主要的是应该具有激励功能。以往的教学评价更多的是体现前者，因为教学评价的标准掌握在教师和教育机构手里，学生只有被动地接受这种评判。在信息化的教学环境下，学生完全有权对自己的作品做出合理的评价，教师这时并不是作为一个标准的掌握者出现，而是作为一个引路人出现，他更多的是鼓励学生的创造，尊重学生的不同见解，以促进学生创新精神的养成，培养学生独立的人格。

信息化环境下的教学评价要求把学生在学习过程中的全部情况都纳入

评价范围，把学生解决问题、寻找答案的调查过程、探究过程、运用前提形成假设的过程、交流与合作的过程、推理和计算的过程、使用技术手段的过程等都纳入评价的视野，强调过程本身的价值，把学生在过程中的具体表现作为评价的主要内容。对学生凡是有价值的所作所为，即使有些与预定目标不符合，也要给予支持与肯定，对学生的主体性和创造性给以足够的尊重。

（二）强调创设情境与意义建构

建构主义认为，学习总是与一定的社会文化背景（即情境）相联系。情境就其广义来理解，是指作用于学习主体，产生一定的情感反应的客观环境；从狭义来认识，则是指在课堂教学环境中，作用于学生而引起积极情感反应的教学过程。

学生在实际情境中进行学习，利用自己原有认知结构中的有关经验去"同化"当前学到的新知识，如果原有的知识不能"同化"新知识，则要引起"顺应"，即对原有的认知结构进行改造和重组。因此，创设情境成为信息化教学设计最重要的内容之一。

在信息化教学设计中创设情境，即基于特定的教学目标，将学习内容安排在信息技术和信息资源支持的比较真实或接近真实的活动中，支持学科教学活动。由于信息化教学设计与各种信息技术和信息资源紧密结合，使得教学情境的创设显得更为实际、简便和高效。

（三）注重学生学习能力的培养

以学生为中心是信息化环境下教学设计的首要原则。明确以学生为中心，这一点对于教学设计有至关重要的指导意义，因为从"以学生为中心"出发还是从"以教师为中心"出发，将得出两种完全不同的设计结果。

在"以学生为中心"这一原则的指导下，教师在设计具体的教学活动的时候，就要以"任务驱动"和"问题解决"作为学生学习和研究活动的主线，在相关的有具体意义的情境中确定和讲授学习策略与技能。教师作为学习的促进者，引导、监控和评价学生的学习进程。同时，教师还应该开发和利用各种信息资源来支持学生自主学习，比如教师应创建学生学习网站、教师演示文稿和参考范例等。

学生作为一个成长中的完整生命体，有着各种情感需求。认知发展与情感发展和谐统一，促进学生的身心全面发展是现代课程的重要目标之一。学生的情感需要是教学设计时重点考虑的内容，学习内容、学习方式必须尊重学生的意愿和需要。此外，以学生为中心的原则还体现在注意为每一个学生的终身发展奠定基础，教学设计要选择对所有学生终身发展有价值的内容。

（四）利用各种信息资源支持学习

为了支持学习者的主动探索和完成意义建构，在学习过程中要为学习者提供各种信息资源（包括各种类型的教学媒体和教学资料）。但这些媒体和资料并非用于辅助教师的讲解和演示，而是用于支持学生的自主学习和协作式探索。因此，对传统教学设计中有关"教学媒体的选择与设计"将有全新的处理方式。例如在传统教学设计中，对媒体的呈现要根据学生的认知心理和年龄特征进行精心的设计。在自主学习和协作式教学中，把媒体的选择、使用与控制的权力交给了学生，就没有必要设计媒体了。反之，对于信息资源应如何获取、从哪里获取，以及如何有效地加以利用等问题，则成为主动探索过程中迫切需要教师提供帮助的内容。显然，这些问题在传统教学设计中是不会碰到或很少碰到的，而在信息化学习环境中，则成为急待解决的普遍性问题。

（五）强调团队合作与"协作学习"

信息化教学设计认为，学习者与周围环境的交互作用，对于学习内容的理解（即对知识意义的建构）起着关键性的作用。学生在教师的组织和引导下一起讨论和交流，共同建立学习群体并成为其中的一员；在这样的群体中，共同对当前问题摆出各自的看法、论据及有关材料，并对别人的观点做出分析和评论；学习者通常是以小组或其他协作形式展开学习，在学习过程中互相帮助，共同完成某一项任务目标，实现"问题解决"；每个学习者在中间承担一定的任务，担当一定的角色，学习活动过程成为"学习者身份和意义的双重建构"。学生之间相互协作，共享他人的知识和智慧，共同实现组织目标。

这种协作学习不仅指学生之间、师生之间的协作，也包括教师之间的协作，如实施跨年级和跨学科的基于资源的学习等。通过这样的协作学习环境，学习者群体（教师和学生）的思维与智慧就可以被整个群体所共享，即整个学习群体共同完成对所学知识的意义建构，而不是其中的某一位或某几位学生完成意义建构。

四、信息化教学设计的产生与发展

教学设计是 20 世纪 60 年代末在美国首先形成和发展起来，并于 20 世纪 80 年代传入我国的。美国哲学家、教育家杜威在 1990 年提出建立一门连接学习理论和教学实践的"桥梁学科"，以达到优化教学的目的。

"二战"期间，由于战争的需要，美国要在短时间内为军队输送大批合格的士兵，为工厂输送大量合格的工人，这需要进行培训方面的研究和开发，因此提出了一整套系统分析教学过程要素的方法，这是教学设计理论应用的最初尝试。而 20 世纪 60 年代中期的程序教学运动，是教学设计思想和理论孕育期，涌现出加涅的"学习条件理论"、罗米索斯基的"智能结构论"、梅里尔的"成分显示论"、莱格卢特的"精细加工论"、巴纳斯的"宏观教学设计论"、史密斯和雷根的"教学系统设计论"等一批富有特色的教学设计理论。20 世纪 60 年代后期，各种相关理论在系统方法指导下，被综合应用于教学过程的设计中，提出了对教学进行设计的系统过程理论，从此教学设计便以其独特的理论知识体系成为专门的研究领域。

此后，教学设计的理论著作和各种参考文献相继出现。例如，加涅和布里格斯的《教学设计的原理》，肯普的《教学设计过程》《设计有效的教学》，罗伯特 .D. 坦尼森的《教学设计的国际观——理论·研究·模型》等。我国学者也出版了一系列教学设计著作，如张祖忻等编著的《教学设计——基本原理与方法》（上海外语教育出版社，1992），乌美娜主编的《教学设计》（高等教育出版社，1994），何克抗等编著的《教学系统设计》（高等教育出版社，2006），等等。这些研究趋向于从不同角度运用多种研究方法，尤其是用系统方法来探索教学设计问题。至此，教学设计成为世界各国教育技术领域的专业研究方向，成为各级各类师资培训的重要课程。

进入 20 世纪 90 年代以来，科学技术飞速发展，大量基于计算机的信息技术迅速进入教育教学领域，多媒体教育应用、网络教育应用、人工智能教育应用等迅猛发展，信息技术成为教育的主流技术。同时，建构主义学习理论丰富了认知主义学习理论，使教学设计理论与实践的视野大大拓展，产生了信息技术环境下的教学设计。今天的教学与 20 年前的教学无论在教学目标还是教学过程和教学方法上都发生了很大变化。显然，探索信息技术条件下能够充分发挥交互技术潜力的教学设计理论和方法势在必行。

第二节　高职教师信息化教学设计存在的问题

教师的信息化教学能力发展和信息素养，已经成为当前教育信息化的重点和难点。当前，我国高职院校教师信息化教学能力发展不平衡，信息素养不高，教师信息化教学能力的培养还存在着明显的不足和误区。

第一，教师专业背景和年龄成为制约提高教师信息化教学能力的瓶颈。

高职院校的大多数教师，其专业背景中没有信息技术元素，尤其是一部分中老年教师，对计算机的基本操作不熟悉，对信息技术的方法和手段不了解，存在着信息化焦虑。他们更多的是习惯于传统方式的教学，满足于一本教案、一支粉笔和一块黑板这样的教学方式，不愿意也不会使用信息技术手段去改进自己的教学。这种由于专业背景和年龄造成的信息化焦虑已经成为制约中老年教师提高信息化教学能力的瓶颈。

第二，教师无法将信息技术手段与课程教学内容有效整合在一起。信息技术的先进性不能代替教学内容的适用性。例如，现在多数教师上课都会制作课件来辅助教学，可是多数教师的课件只是照搬教材内容，把黑板变成了白板，而忽视了课件的本质内涵，没有能够很好地把课件与教学内容整合在一起，效果自然不理想。学习使用信息技术，需要将信息技术手段整合到具体的课程内容中，借助信息技术的模拟仿真和直观性，有效解决传统方式无法直观呈现和形象展示的问题。还有一部分教师，使用信息技术时过于追求技术的"花哨"，而忽视了使用信息技术一定要优先考虑是否符合课程内容的要求。

第三，高职教师信息化教学设计能力欠缺。从目前高职教师信息技术能力现状的调查来看，高职教师中较多的人不太了解信息化教学设计，包括对在高职教育领域大力推行的"合作学习、研究性学习、项目导向学习、任务驱动学习"等新型的学习方式也知之不深。信息化教学设计能力的欠缺已经严重制约了高职教师信息化教学能力的提升。

第四，高职院校对信息资源的建设规划统筹不够。很多高职院校的决策层对教育信息化不熟悉、不了解，导致整个学校的信息化建设工作滞后，信息资源开发不足，既不好看又不好用。决策层的这种状态必然会导致学校的教师轻视教学信息化，轻视信息化教学能力的提高。高职院校对信息化建设规划统筹不够还表现为，对教师的信息化能力的培训不系统、不科学，没有针对性，导致教师面对各类培训项目时无所适从，自然就无法达到通过培训提升信息化教学能力的目的。

第五，高职院校在信息化建设上重视硬件投入而轻视软件环境的建设。很多高职院校已经建成或正在建设数字化校园，投入大量资金购买了很多硬件设施，这是很有必要的。但在硬件投入时，学校往往忽视了对教师信息化教学能力的培养过程的关注，对教师将信息技术整合到教学课程缺少支持。

第三节　高职信息化教学设计方法和过程

一、信息化教学设计分析

前期分析是美国学者哈里斯于 1968 年提出的一项技术，旨在教学设计过程的开端就分析清楚教学中存在的问题，以避免后续工作无的放矢，浪费人力物力。在不同的教学设计过程中，前期分析的内容不尽相同，但一般包括学习需要分析、学习者特征分析。

（一）学习需要分析

学习需要是指学生学习方面目前的状况与所期望达到的状况之间的差距，也就是学生目前水平与期望达到的水平之间的差距。目前的状况是指学生群体在能力素质方面已达到的水平；差距指出学生在能力素质方面的不足，指出教学中实际存在和需要解决的问题，这正是经过教育或培训可以解决的。可以说没有差距就没有需要，也就无从谈起要解决什么。

学习需要分析是一个系统化的调查研究过程，这个过程的目的就是要揭示学习需要、发现问题，通过分析问题产生的原因确定问题的性质，并判断教学设计是否是解决这个问题的合适途径；同时它还分析现有的资源及约束条件，以论证解决该问题的可能性。所以学习需要分析的实质就是分析教学设计的必要性和可行性。

内部参照需要分析法是由学生所在的组织机构内部已经确定的教学目标对学生的期望与学生学习现状做比较，找出两者之间存在的差距，从而鉴别学习需要的一种分析方法。外部参照需要分析法是根据社会（或职业）的要求来确定对学生的期望值，以此为标准来衡量学生学习的现状，找出差距，从而确定学习需要的一种分析方法。

（二）学习者特征分析

受生理、心理、社会文化等因素的影响，学习者个体之间会表现出一些共性、稳定的特征，也会表现出多样化的差异，这些特征都会影响学习者的学习过程。教学设计是否与学习者特征相匹配是决定教学设计能否成功的关键。

信息化教学强调学生通过网络与教师、学生发生联系，进行自主学习与协作学习，实现知识的意义建构。因此，在信息化教学设计中，分析学生不同的学习风格与学习内容的处理、学习方法的运用、网络资源的选择等关系，具有十分重要的意义。

1.学生初始能力分析

（1）初始能力内容

学生的初始能力是指学生在学习某一特定的课程内容时，已经具备的有关知识与技能的基础，以及他们对这些学习内容的认识和态度。初始能力分析应该从三个方面入手，即预备技能分析、目标技能分析和学习态度分析。

预备技能是学生开始新的学习之前必须掌握的知识与技能。学习新的知识之前，进行预备技能分析可以知道学生对预备技能的掌握情况，从而确定学习起点。

目标技能是教学目标中规定学生必须掌握的知识与技能。学生学习新知识之前，进行目标技能分析可以知道学生在多大程度上掌握了目标技能。如果完全掌握了，教学目标规定的所有内容都可以取消。

学习态度分析的目的是了解学生对特定课程内容的学习有无兴趣，有无偏见或抵触情绪等，从而加以引导，使得学习能够顺利进行。

（2）确定初始能力的方法

确定初始能力的方法有两种：一般性了解和预测。

一般性了解，是指通过查阅或问卷调查等形式，对学生的各科成绩、学习情况、所教课的先行课内容、学生完成学习的成绩、学生的学习态度等方面有一个大体的了解。但是，由于课程内容变化，学生的组成常有变动等，所以通过这种方式获得的信息不是十分准确。

预测就是课前测验，它是客观、准确地掌握学生初始能力的重要手段。学习初始能力分析包括预备技能分析、目标技能分析、学习态度分析三个方面，预测也从这三个方面进行。

学习内容分析与学生初始能力的分析是密切相关的，初始能力分析不准确，将学习起点设定得过高或过低，都会使学习内容分析脱离实际，教学针对性不强，教学效率不高。

2.学习者学习风格分析

学习风格是指学习者持续一贯的带有个性特征的学习方式和学习倾向，是学习策略和学习倾向的总和。学习风格是影响我们对刺激的感觉和反应的心理特质。例如，焦虑、天资、视觉、声音偏好、动机等，是学生感知不同刺激，并对不同刺激做出反应、产生影响的所有心理特性。

有关学习风格的研究很多，影响力比较广泛的有威特金的场依存/场独立理论以及格雷戈尔的学习风格理论。

威特金把受环境因素影响较大者称为场依存性，把不受或很少受环境因素影响者称为场独立性。前者基本上倾向于依赖外在的参照（客观事物），后者基本上倾向于依赖内部的参照（主观感觉）。

格雷戈尔认为人们在组织空间和时间上是有差别的。个体有两种重要的调节能力：感知（信息获取的方式）和排序（信息排列和存储的方式）。感知有两个性质：具体和抽象。排序有两个性质：序列和随机。这两个维度形成了四种学习风格：具体序列、具体随机、抽象序列和抽象随机。

对学生的学习风格分析之后，就可以为每一个学生提供适合其特点的学习条件。不同类型的学习风格适合不同性质的学习任务，真正实现个别化教学。需要注意的是，对学习者的分析不是固定的、一成不变的，而是动态的、延续的。教师要在教学活动的全过程中，时刻关注对学习者的分析，尤其是在教学活动即将展开之时。此外，有关对学习任务、学习资源、学习工具、学习情境等的设计，都要以学习者为中心，围绕对学习者的分析展开。

3. 学习者认知发展特征分析

学习者的认知发展特征是指对学生学习有关学科内容产生影响的个体的、生理与心理的、社会的特点，包括年龄、性别、认知成熟度、学习动机、个人对学习的期望、工作经历、生活经验、经济、文化、社会背景等。

学习者的认知发展特征与课程内容没有直接关系，但它会影响学生对学习内容的接受。当教师所安排的学习内容、选择的教学策略与学生认知发展特征相适应时，学生学习积极性就高，就会促进学生学习新知识；反之，就会阻碍学生新知识的学习。

不同年龄层次的学生有不同的特征，每一位学生的认知特征都不相同。瑞士著名发展心理学家皮亚杰提出的认知发展阶段理论为分析学习者认知能力提供了框架。

皮亚杰将儿童的认知发展水平划分为四个阶段：感知运动阶段、前运演阶段、具体运演阶段和形式运演阶段。后三个阶段与学校教育关系较密切，在此介绍后三个阶段的主要内容。

（1）前运演阶段（2～7岁）

这一阶段的学生正值入学之前与入学之初，学生遇到问题会运用思维，但思维方式常常不符合逻辑。思维具有知觉集中倾向性、不可逆性、自我中心主义，只能主观看世界，不能客观分析世界。具备初级抽象思维能力。

（2）具体运演阶段（7～11岁）

这一阶段的学生已经具有明显的符号性和逻辑性，但是思维活动仍局限于具体的事物以及过去的经验，缺乏抽象性。例如，学生能在心理自如地转换物体的空间排列方式，但若面对复杂的数学问题、物理问题或社会问题就会显得无能为力。

（3）形式运演阶段（11岁以上）

这一阶段的学生完全具备假设—演绎思维、抽象思维及系统思维能力。认知趋于成熟，能够理解并使用相互关联的抽象概念。

认知发展阶段理论为分析学习者的认知能力水平提供了一个有效的参考框架。依据不同认知能力水平设计和实施教学是达到有效教学的重要前提。

二、学习任务分析与教学目标

（一）学习任务分析

任何学习活动都有一定内容，学习内容分析是指在开始教学（培训）活动之前，预先对目标所规定的、需要学生习得的能力或倾向的构成成分及其层次关系详加分析，为学习顺序的安排和教学条件的创设提供心理学基础。在信息化环境下，学习的方式发生改变，学生是学习的主体，是意义建构者。因此，在信息化环境下学习内容的分析主要是确定学习任务，设计学习任务。

在设计学习任务时，着重考虑任务的有效性、难度和呈现方式。任务的有效性，就是学习任务的必要性，学生按要求完成任务后，应该基本达到了学习目标，这样的学习任务才是有效的，不能只追求形式上的热闹与有趣。任务的难度是指任务的设置要符合学生的实际，不能太难，也不能太容易。任务的呈现方式需要多种多样，在教学过程中将每一个阶段的学习任务明确化、具体化。让学生有明确的学习目标和任务，做到心中有数。

在现代职业教育中，"学习任务"是"学习与工作任务"的简称，是用于学习的任务。学生通过学习任务的学习，不仅掌握专业知识和技能，而且能够建立职业学习和工作的联系，实现学习与工作、理论与实践的一体化。学习任务一般可分为"封闭性、开放性和设计导向性"三个层次。职业教育教学内容以应用技术为重点，围绕实践组织教学内容，在教学中突出教学的实践性。职业教育相比于普通教育，更注重理论服务于实践，按照突出应用性、实践性的原则组织课程结构，更新教学内容。教学内容强调基础理论知识的应用和实践能力的培养，基础理论教学以必需、够用为度，专业课程教学则重点突出针对性和应用性。

学习任务的设计原则如下所述。

1. 适用性原则

学习任务的设计一定要根据学生的特点和基础，遵循"适用为主、够用为度"的原则,让学生通过学习任务学习后,感受到"学有所用,学能致用",不仅能适应现实工作岗位,还能适应今后的工作岗位。

2. 前瞻性原则

学习任务的设计要突出本专业领域的新知识、新技术、新方法,使学生及时了解本专业的最新技术和发展状况。

3. 关联性原则

学习任务的设计一定要突出学习任务的功能和价值,一定要注意学习内容和工作的关联,学习过程与工作过程的关联。

4. 完整性原则

构建的学习任务要体现出"工作过程完整"的学习过程,即学习任务结构要具有计划、实施以及计划成果的检查评价等整个工作过程。

(二)教学目标

教学目标是对学习者通过学习以后将能达到何种状态的具体、明确的表述,包括学生通过学习将学会什么知识、掌握什么能力、完成哪些创造性产品、潜在的学习结果,等等。教学目标是为了确定学生学习的主题,即与基本概念、基本原理、基本方法或基本过程有关的知识内容。教学目标对教学活动具有导向作用、控制作用、激励作用及测度作用。

1. 教学目标的分类

美国的教育心理学家布鲁姆等人把教育目标分为认知、动作技能和情感三个领域,然后把每个领域,按照从低级到高级的顺序分成不同的层次。

(1)认知学习领域目标分类

认知学习领域包括有关信息、知识的回忆和再认,以及智力技能和认知策略的形成。这个领域的学习目标分为六级:知道、领会、运用、分析、综合、评价。

①知道。对先前学习过的知识材料的回忆,包括具体事实、方法、过程、理论等的回忆。

②领会。把握知识材料意义的能力,包括转换(用自己的话或方式来表达)、解释(对一项信息如图表、数据等加以说明或概述)、推断(预测发展的趋势)。

③运用。把学到的知识应用于新的情境,包括概念、原理、方法和理论的应用。运用的能力以知道和领会为基础,理解是较高水平的运用能力。

④分析。把复杂的知识整体分解为组成部分,并理解各部分之间的联系

的能力，包括部分的鉴别、部分之间关系的分析和认识其中的组织结构。例如，能区分因果关系，能识别史料中作者的观点或倾向等。既要理解知识材料的内容，又要理解其结构。

⑤综合。将所学知识的各部分重新组合，形成一个新的知识整体，包括发表一篇内容独特的演说或文章，拟定一项操作计划或概括出一套抽象关系。它所强调的是创造能力，即形成新的模式或结构的能力。

⑥评价。对材料（如论文、观点、研究报告）做价值判断的能力，包括对材料的内在标准（如组织结构）或外在标准（如某种学术观点）进行价值判断。例如，判断实验结论是否有充分的数据支持，或评价某篇文章的水平与价值。这是最高水平的认知学习结果。

（2）动作技能学习领域目标分类

动作技能学习领域的目标分为七级：知觉、准备、有指导的反应、机械动作、复杂的外显行为、适应、创新。

①知觉，是指用感官去获得与动作技能有关的知识、性质和作用等信息，以便指导动作。

②准备，是指从心理、生理和情绪等方面对特定的动作做好准备。知觉是准备的先决条件，知觉和准备统称为动作技能学习的认知阶段。例如，学习动作技能，除了知道动作要领外，还必须愿意去学。

③有指导的反应，是指复杂动作技能学习的早期阶段。这一阶段主要是进行模仿和尝试错误。通过教师或一套适当的标准可判断操作的正确性。

④机械动作，是指学生的反应已成为习惯，达到自动化水平。这一阶段的学习结果涉及各种形式的操作技能，但动作模式并不复杂。

⑤复杂的外显行为，是指包含复杂动作模式的熟练动作操作，操作的熟练性以精确、迅速、连贯协调和轻松稳定为目标。

⑥适应，是指技能的高度发展水平，学生能修正自己的动作模式以适应特殊的装置或满足具体情境的需要。

⑦创新，是指创造新的动作模式以适合具体情境，强调以高度发展的技能为基础进行创造。

（3）情感学习领域目标分类

情感学习领域的目标共分为五级：接受或注意、反应、评价、组织、价值与价值体系的性格化。

①接受或注意，是指将注意力集中到某件事或某个活动中，并准备接受。例如参加班级活动。

②反应，是指学生主动参与、积极反应，表示较高的兴趣。例如，完成

教师布置的作业，提出意见和建议等。学习的结果包括默认、愿意的反应和满意的反应。

③评价，是指学生用一定的价值标准对特定的现象、行为或事物进行判断。例如，欣赏文学作品，在讨论问题中提出自己的观点，这一阶段的学习结果所涉及的行为表现出一致性和稳定性，与通常所说的"态度"和"欣赏"类似。

④组织，是指学生在遇到多种价值观念呈现的复杂情境时，愿意把它们组织成体系，然后进行比较。

⑤价值与价值体系的性格化，是指通过对价值观体系的组织，逐步形成一个人的品性。

从三个学习领域的分类方法可以看出，目标都是从简单到复杂逐级递增的，每个目标都建立在已经达到的前一个目标的基础上，大多数的学习都是同时包含三个学习领域的目标成分，具体到某门课程或某一件事情，其中某一个学习领域的目标成分略多一些罢了。

2.教学目标的编写

职业教育培养的是具有综合职业能力、胜任某一具体岗位的专才，是能够在生产、建设、管理和服务第一线工作的高级技术应用型人才，具有从事本专业实际工作的全面素质和综合职业能力。学生在获得基础知识与基本技能的过程中，十分重视能力的培养，倡导学生主动参与、乐于探究、勤于动手，培养学生搜集和处理信息的能力、获取新知识的能力、分析和解决问题的能力以及交流与合作的能力。因此，能力目标是教学目标的重要编写内容。

在编写教学目标时，把教学目标一般分成知识目标、能力目标、情感目标三个层次，分别写出不同层次要求。通过列出三维目标的形式来撰写教学目标，目的是能够清楚地看出三个维度的目标要求。同时提醒教师在设计时需要从这三个维度去考虑，但这并不是说三个维度的目标要一个一个去完成，它应该是整合于整个教学过程之中的。

下面是三维目标编写的具体实例。

（1）知识与技能目标

①理解建筑平面图的形成，掌握建筑平面图的图示内容。

②通过对平面图图示内容的掌握，能举一反三，读懂各种建筑平面图。

（2）过程与方法目标

通过学生"自主、合作、探究"的学习方式，解读平面图。

（3）情感、态度与价值观目标

①渗透职业道德教育，培养学生严谨的工作作风和敬业精神。

②培养学生自主探究、合作交流的能力。

在信息化教学模式中，教师在明确总体的、较长期的阶段性教学目标之后，可以鼓励学生根据阶段性目标设定一系列子目标。学生根据自身的情况制定相关的子目标，学业基础较好的学生制定的子目标可能会比较少，而学业基础薄弱的学生则可能对阶段性目标进行更细的划分。

三、信息化教学策略的设计

教学策略是实现特定的教学目标而采取的教学顺序、教学活动程序、教学媒体、教学组织形式等因素的总体考虑。信息化学习过程策略的设计主要考虑的问题包括学习总体进程设计、学习活动框架设计、教学情境设计、教学模式设计、教学策略设计，等等。不仅要强调学生自己利用互联网丰富的资源进行独立学习和研究，更要强调学生之间的合作学习。

目前，在现代教育理论和信息技术的支持下，已经开发出许多比较成熟的信息化环境下的教学模式、教学策略和教学方法。

（一）创设教学情境

建构主义认为，个体、认知和意义都是在相关情境中交互、协作完成的，不同的情境能够给学习者带来不同的活动效果。设计情境是信息化教学设计最重要的内容之一，通过与实际经验相似的学习情境的创设，还原知识的背景，恢复其生动性、丰富性，从而使学生能够利用原有认知结构中有关的知识、经验及表象去"同化"或"顺应"学习到的新知识。利用现代化信息技术和信息资源，创设接近真实情境的方式很多，如创设故事情境、创设问题情境、创设协作情境、创设模拟实验情境等。

1. 创设故事情境

创设故事情境是根据教学内容、教学目标、学生原有认知水平和学生无意识的心理特征，通过各种信息技术和信息资源，以"故事"的形式展现给学生，尽可能多地调动学生的视听觉感官，进而理解和建构知识。

2. 创设问题情境

创设问题情境是在教学内容和学生求知心理之间设置疑问，将学生引入一种与问题有关的环境。问题环境的设计可激发学生的探求欲望，可以引导学生多角度、多方位地对环境内容进行分析、比较和综合，进而建构新的认知结构。在信息化教学中,设计问题环境的方式多种多样,教师可以通过故事、模拟实验、图像、音像、活动等多种途径设置问题。

3.创设协作情境

协作情境与外部世界具有很强的类似性,有利于高级认知能力的发展、合作精神的培养和良好人际关系的形成。在这种情境中,学习者的角色可以进行隐藏,教师的角色也发生了转变。教师要掌握的不仅仅是教学内容的逻辑序列和目标的合理安排,更多的是学生的协作情况、学习过程的规划设计。设计协作情境是利用网上多种交流工具(如BBS、QQ、电子邮件),通过竞争、协作、伙伴和角色扮演等方式进行学习,针对某一个问题展开讨论交流,共同完成学习任务。信息化协作学习环境实现了时间和空间上的连续,使交互变得更加容易控制。

4.创设模拟实验情境

创设模拟实验情境是利用各种信息资源设计与主题相关的尽可能接近真实的条件和环境,然后实现。用这种方法可以解决各种因条件不足带来的困惑。

(二)设计教学策略

目前国内外比较流行的信息化教学策略是自主学习策略和协作式学习策略。其中,自主学习策略包括支架式教学策略、抛锚式教学策略和随机进入教学策略等。常用的协作式学习策略有竞争、协同、伙伴三种形式。

1.设计自主学习策略

(1)支架式教学策略

支架式教学认为应当为学习者建构一种对知识理解的概念框架,用于促进学习者对问题的进一步理解。因此,事先要把复杂的学习任务加以分解,以便把学习者的理解逐步引向深入。它是根据维果斯基的最邻近发展区理论,对较复杂的问题通过建立"支架式"概念框架,使得学习者自己能沿着"支架"逐步攀升,从而完成对复杂概念意义建构的一种教学策略。

支架式教学策略由以下几个步骤组成。

①搭脚手架。围绕当前学习主题,按"最邻近发展区"的要求建立概念框架。

②进入情境。将学生引入一定的问题情境(概念框架中的某个节点)。

③独立探索。让学生独立探索。探索内容包括:确定与给定概念有关的各种属性,并将各种属性按其重要性大小顺序排列。开始探索时,由教师启

发引导（例如演示或介绍理解类似概念的过程），然后让学生自己去分析；探索过程中教师适时提示，帮助学生沿概念框架逐步攀升。起初的引导、帮助可以多一些，以后逐渐减少，愈来愈多地放手让学生自己去探索；最后做到无须教师引导，学生自己就能在概念框架中继续攀升。

④合作学习。进行小组协商、讨论。讨论的结果有可能使原来确定的、与当前所学概念有关的属性增加或减少，各种属性的排列次序也可能有所调整，并使原来多种意见相互矛盾且态度纷呈的复杂局面逐渐变得明朗、一致起来，在共享集体思维成果的基础上达到对当前所学概念比较全面、正确的理解，即最终完成对所学知识的意义建构。

⑤效果评价。对学习效果的评价包括学生个人的自我评价和学习小组对个人的学习评价。评价内容包括：自主学习能力，对小组合作学习做出的贡献，是否完成对所学知识的意义建构。

（2）抛锚式教学策略

抛锚式教学有时也称为"实例式教学"或"基于问题的教学"。这种教学策略要求学生到实际的环境中去感受和体验问题，而不是听这种经验的间接介绍和讲解。在实际情境中一旦确立一个问题，整个教学内容和教学进程就被确定了（就像轮船被锚固定一样）。抛锚式教学与情境学习、情境认知以及认知的弹性理论有着极其密切的关系，只是该理论主要强调以技术为基础的学习。

抛锚式教学策略由以下几个步骤组成。

①创设情境。使学习能在和现实情况基本一致或相似情境中发生。

②确定问题。选择与当前学习主题密切相关的真实性问题作为学习的内容。

③自主学习。教师向学生提供该问题的有关线索，让学生自主学习并解决问题。

（3）随机进入教学策略

随机进入教学的基本思想源自建构主义学习理论的一个新分支——认知灵活性理论。这种理论的宗旨是要提高学习者的理解能力和他们的知识迁移能力（即灵活运用所学知识的能力）。随机进入教学要求对同一教学内容，在不同时间、不同情境下，为不同的目的、用不同方式加以呈现。

随机进入教学策略主要包括以下几个步骤。

①呈现基本情境。向学生呈现与当前学习主题的基本内容相关的情境。

②随机进入学习。取决于学生"随机进入"学习所选择的内容，而呈现与当前学习主题的不同侧面特性相关联的情境。在此过程中教师应注意发展

学生的自主学习能力，使学生逐步学会自己学习。

③思维发展训练。由于随机进入学习的内容通常比较复杂，所研究的问题往往涉及许多方面，因此，教师还应特别注意发展学生的思维能力。其方法是：教师与学生之间的交互在"元认知级"进行（即教师对学生应加强思维方法的指导，向学生提出问题）；建立学生的思维模型，了解学生思维的特点；培养学生的发散性思维。

④小组合作学习。围绕呈现不同侧面的情境所获得的认识展开小组讨论。在讨论中，每个学生的观点在和其他学生以及教师一起建立的社会协商环境中受到考察、评论，同时每个学生也对别人的观点、看法进行思考并做出反应。

⑤学习效果评价。包括自我评价与小组评价，评价内容与支架式教学策略相同。

2. 设计协作式学习策略

协作式学习策略是一种既适合于教师主导作用的发挥，又适合于学生自主探索、自主发现的教学策略。协作学习被看作是为多个学习者提供对同一问题用多种不同观点进行观察比较和分析综合的机会，这种机会显然对问题的深化理解、知识的掌握运用和能力的训练提高大有裨益。常用的协作式学习策略有竞争、协同和伙伴三种。

（1）竞争

竞争是指两个或多个学习者针对同一学习内容或学习情境，通过计算机网络进行竞争性学习，看谁先达到教学目标的要求。由于学习者的竞争关系，学习者在学习过程中，会很自然地产生人类与生俱来的求胜本能，所以学习者在学习过程中会全神贯注，学习效果比较显著。

（2）协同

协同是指多个学习者共同完成某个学习任务，在共同完成任务的过程中，学习者发挥各自的认知特点，相互争论、相互帮助、相互提示或者分工合作。学习者对学习内容的理解和领悟就在这种和同伴紧密沟通与协作的过程中逐渐加深。

（3）伙伴

由于个人的思考范围有限，若在学习过程中能和伙伴相互交流、相互鼓励，将达到事半功倍的效果。伙伴策略是指与自己熟识的同学一起学习，没有问题时，大家各做各的；当遇到问题时，便相互讨论，从别人的思考中得到启发和帮助。它可以使学生在学习过程中感觉到他并不是孤独的，而是有一位伙伴可以互相支持、互相帮助，当一方有问题时，可以随时与另一方讨论。

（三）设计教学模式

信息化教学设计的模式很多，目前各地探索试验的基于资源的主题教学模式、基于项目的教学模式、基于问题的教学模式、WebQuest 的教学模式、基于网络协作学习的教学模式、基于案例学习的教学模式、情境化教学模式、基于概念图的教学模式、基于电子学档的教学模式、基于多元智能的个性化教学模式、英特尔@未来教育、苹果明日教室以及许多一线教师自己创造的网络时代的新型教学方式等都是信息化教学设计的应用模式。

（四）设计教学方法

信息化教学方法是指教师通过现代教育媒体，向学生传递教育信息过程中所采取的工作方式，包括对学生学习认识活动的组织方式和控制方式。

信息技术教学方法很多，按照不同的分类有不同的方法。这里主要介绍范例教学法、任务驱动教学法、基于问题的学习法。

1. 范例教学法

范例教学法是指教师在教学中选择真正基础的本质的知识作为教学内容，通过"范例"内容的讲授，使学生达到举一反三掌握同一类知识的方法。

运用此法的目的在于促使学生独立学习，而不是要学生复述式地掌握知识，使学生所学的知识迁移到其他方面，进一步发展所学的知识，以改变学生的思维方法和行动能力。

2. 任务驱动教学法

任务驱动教学是建立在建构主义学习理论的基础上，它要求将教学内容隐含在一个或几个有代表性的任务中，以完成任务作为教学活动的中心。学生在完成任务的动机驱使下，通过对资源的利用，在自主探索和互动协作的学习过程中完成任务，实现意义建构。任务分为封闭型任务和开放型任务两种。

在任务驱动教学法的教学中，任务的设计是关键。设计任务时一般要遵循以下原则。

第一，可以激发学生的学习兴趣与学习欲望。教学中的任务设计，必须符合学生的年龄与心理特点，充分考虑到这个年龄段学生的兴趣与爱好，兴趣是最好的老师。

第二，难度适中。现代教育要求教学面向全体学生，因此在设计任务时需要考虑学生学习能力之间的差异，确保任务的难度适中，确保绝大多数学生经过努力都能完成。但任务也要有一定的难度，学生独立完成有些困难，可通过学习小组合作完成，同时培养学生与人沟通的能力和团队意识。

第三，体现真实性与合理性。教师在设计任务时，创设贴近学生生活的真实情境，不要盲目地把各种知识与教学目标加到任务中，导致任务不明确，不贴近学生生活。

第四，有利于培养学生的情感态度与价值观。现在的教学提倡三维教学目标：知识与技能、过程与方法、情感态度与价值观。教学不仅是知识和技能的简单传授，更关注学生情感态度与价值观的形成。

第五，有利于小组合作学习。设计的任务，最好是小组合作完成，这样有利于相互之间信息共享、取长补短、共同发展，同时有利于培养团队合作精神。

3.基于问题的学习法

基于问题的学习，也称为问题式学习，是把学习置于复杂的、有意义的问题情境中，通过让学生以小组合作的形式共同解决复杂的、实际的或真实的问题，学习隐含于问题背后的知识，形成解决问题的能力，发展学生自主学习和终身学习的能力。

基于问题的学习是由教师精心设计问题或者师生合作提出问题，以问题为焦点组织学生进行调查和探究，从而让学生了解问题解决的思路与过程，灵活掌握相关概念和知识，进一步培养学生理解问题、分析问题和解决问题的能力，从中获得解决现实问题的经验，最终形成自主学习的意识和能力。

基于问题的学习法的五个关键要素：问题或项目，解决问题所需的技能和知识，学习小组，问题解决的程序，学生自主学习的精神。

基于问题的学习法应用的步骤：创设情境，提出问题；界定问题，分析问题，组织分工；探究、解决问题；展示结果，成果汇总；评价、总结与反思。

四、学习资源的设计

学习资源是可以提供给学习者使用，能帮助和促进他们学习的信息、技术和环境。信息化学习资源，主要指蕴涵了大量的教育信息，能创造出一定的教育价值，以数字信号的形式在互联网上进行传输的资源。

（一）信息化学习资源的特征

信息化学习资源主要具有如下特征。

1.处理数字化

它是指将声音、文本、图形、图像、动画、视频等信息经过转换器抽样量化，由模拟信号转换成数字信号。数字信号的可靠性远比模拟信号高，对它的纠错处理也容易实现。

2. 存储光盘化

光盘存储数字信息容量大，体积小。一张光盘可以存储 A4 纸文本 650000 页，全屏动态图像 1 小时 12 分钟，调频立体声 5 个小时。

3. 显示多媒体化

这是指利用多媒体计算机技术存储、传输、处理多种媒体学习资源，如声音、文本、图形、图像和动画等，这与传统的单纯用文字或图片处理信息资源的方式相比要丰富得多。

（二）学习资源的选择原则

1. 基本原则

根据学习资源对于促进完成教学目的或教学目标所具有的特性和教学功能来选择和运用资源，这是选择学习资源的基本原则。

2. 具体原则

在教学过程中，人们还总结出一些具体原则，对学习资源的选择有很大帮助。

（1）根据教学媒体的特征和功能选择学习资源

每一种媒体都具有一定的特征和功能，各种媒体在色彩、立体感、表现形式、可控性以及反馈机制等方面都是不相同的，它们都有自己的长处和短处，它们之间可以互补，没有"万能媒体"。选择媒体时应能发挥媒体的长处，避开短处，最大可能地发挥其功能。

（2）按学习目标和学生特征选择媒体

媒体在表达学习目标要求时其功能是不一样的，而学生的学习风格也不尽相同，选择媒体时要坚持始终如一地考虑这两个因素。

（3）易获得的媒体

在现实条件下，学校或教师是否容易获得媒体，使用媒体需办的手续是否烦琐等。

（4）最小代价的媒体

即考虑使用媒体可能得到的效益与制作和使用媒体需要付出的代价的比值。一般希望付出小的代价，获得大的效益。

（5）熟悉的媒体

选择教师熟悉的媒体，利于开展教学活动，充分发挥媒体的作用。

（三）信息化学习资源的设计

学习资源设计对学习者的学习至关重要。信息技术环境下，教育教学可利用的资源多种多样，但也存在着内容良莠混杂、真伪难辨的问题。教学设计者必须保证学习资源的有效性，也就是要保证这种学习资源能够达成教学所需要的教育功效。因此，在信息化教学设计中，教师应为学生提供丰富的学习资源，要深入思考信息的组织方式、学习资源的特点，思考它们和学生的学习能力、学习类型、学习方式与学习过程之间的关系，充分考虑人的因素、知识的因素以及社会发展的需要，保证学习资源的有效性，为学生创设真实的情境，以利于他们对知识意义的建构。设计多种信息资源呈现方式，提供给学习者，由学习者自己选择、利用媒体开展学习。

为了支持学习者主动探索和完成意义建构，在学习过程中要为学生提供各种信息资源。确定学习主题所需要的信息资源的种类和每种资源在学习主题过程中所起的作用，对于应该从何处获取有关的信息，如何获取及有效地利用这些资源等问题，教师要给予适当的帮助和指导。除了学习者在教师的指导下，通过网络自己获取学习资源外，还应精心设计与主题相关的学习资源库，利用校园网或者专题学习网站等对广泛的学习资源进行初步筛选和加工整理。

网络学习资源是信息化教学资源的主体，它是指经过数字化处理，可以在网络环境下运行的，并能用浏览器阅读，实现共享的多媒体学习材料。网络学习资源具有多样性、共享性、实效性、再生性等特点。网络学习资源的类型可分为网络课件、网络课程、专题学习网站、案例库、题库和多媒体资源库等。不同类型的网络学习资源其设计方法、开发过程、应用范围与功能不同。

各种网络学习资源的设计，必须满足以下四点要求：具备丰富多样的学习资料；提供良好的学习交互功能；直观友好的界面；提供活泼生动的教学策略。网络学习资源的设计涉及相关度、整合度和扩展度等方面。所谓相关度，是指与教学内容相关的程度；整合度是指知识内容综合、加工、处理水平的程度；扩展度是指扩大知识面、丰富素材资料、增加学习功能的程度。

第四节　高职信息化教学设计评价

教学评价是以教学目标为依据，制定科学标准，运用一切有效的技术手段，对教学活动过程及其结果进行测定、衡量并给予价值判断。教学评价是教学设计的有机组成，由评价主体、客体、方法和标准等要素构成。首先将评价纳入教学过程的是泰勒，他强调了评价对教学的反馈功能。其后随着西方教育改革运动的兴起，评价的改进与调控功能受到人们的关注，教学评价开始关心对学生的学习诊断、学习过程的促进作用。教学评价功能可以概括为五个方面：反馈调节功能、诊断调节功能、强化激励功能、教学提高功能、目标导向功能。

一、教学评价分类

教学评价类型很多，从不同角度可以划分为不同种类。按评价功能不同，分为诊断性评价、形成性评价和总结性评价。

（一）诊断性评价

教师要想制订适合每个学生特点和需要的有效教学策略，就必须了解学生，了解他们的知识储备，了解他们的技术和能力水平，了解他们对所要学习的学科的态度，了解导致学生学习成功（或失败）的原因等。了解学生的手段之一，就是对学生进行测试，即诊断性评价。学年或课程开始之前的诊断性评价，主要用来确定学生的入学准备程度并对学生进行安置；教学进程中的诊断性评价，则主要用来确定妨碍学生学习的原因。

（二）形成性评价

形成性评价是在教学进行过程中，为引导该项教学前进或使教学更为完善而进行的对学生学习结果的确定，注重对学习过程的测试，注重测试结果对学生和教师的反馈，并注重经常进行的检查。形成性评价的主要目的不是给学生评定等级成绩或做证明，而是改进学生完成学习任务所必备的主客观条件。

（三）总结性评价

总结性评价是给学生评定成绩，并为学生做证明或提供关于某个教学方案是否有效的证明。评价着眼于学生对某门课程整个内容的掌握，注重测量学生达到该课程教学目标的程度。因此，总结性评价进行的次数不多，一般是一个学期或一个学年两三次。期中、期末考查或考试以及毕业会考等均属于此类。

二、信息化教学评价与传统教学评价的比较

为了达到信息化教育的培养目标，其教学评价必须与各种相关的教学要素相适应，从而与传统的教学评价迥然不同，两者之间的区别可以概括为以下五点。

（一）不同的评价目的

传统的教学评价侧重于评价学习结果，以便给学生定级或分类。评价通常包含根据外部标准对某种努力的价值、重要性、优点的判断，并依据这种标准对学生所学到的与没有学到的知识进行判断。为了评价学习结果，传统的评价往往是正规的、判断性的。而在信息化教学中，评价是基于学生的表现和过程，用于评价学生应用知识的能力。关注的重点不再是学到了什么知识，而是在学习过程中获得了什么技能。这时的评价通常是不正规的、建议性的。

（二）不同的评价标准制定者

传统评价的标准是根据教学大纲或教师、课程编制者等的意图制定的，因而对团体学生的评价标准是相对固定且统一的；而信息化教学强调学生的个别化学习，学生在如何学、学什么等方面有一定的控制权，教师则起到督促和引导的作用。为此，在信息化教学中，评价的标准往往是由教师和学生根据实际问题和学生先前的知识、兴趣和经验共同制定的。

（三）不同的学习资源关注度

在传统教学中，学习资源是相对固定的教材和辅导材料，因而忽视了对于学习资源的评价，只是在教材和辅导材料等成为产品前，由特定学生与教师进行检验评价。而在信息化教学中，学习资源的来源十分广泛，特别是互联网在学习中的介入，更使学习资源呈现出取之不竭之势。然而这些资源的质量跨度是很大的，有一流的精品，也有纯粹的垃圾。在这种情况下，如何选择适合学习目标的资源不仅仅是教师的重要任务，也是学生终身学习所要获得的必备能力之一。因而，在信息化教学评价中，对学习资源的评价受到更广泛的重视。

（四）学生收获能力不同

在传统的教学评价中，学生的角色是被动的。他们通过教师的评价被定级或分类，并从评价的反馈中认识自己的学习是否达到预期。然而，在信息化社会中，面对不断更新的知识，指望他人像传统教学中的教师一样适时地对自己的学习提供评价是不可能的。因而，作为一个合格的终身学习者，自我评价将是一个必备的技能，培养学生的这种技能本身就是信息化教学的目标之一，也是评价工作的任务之一。

（五）评价与教学过程的整合不同

在传统教学中，评价往往是在教学之后进行的一种孤立的、终结性的活动，目的在于对学习结果进行判断；而在信息化教学中，培养自我评价的能力和技术本身就是教学的目标之一，评价具有指导学习方向、在教学过程中给予激励的作用。由于评价的参与，学生才能达到预期的学习结果。因此，评价是镶嵌在真实任务之中的，评价的出现是自然而然的，是一个进行之中的、嵌入的过程，是整个学习的不可分割的一部分。

应该指出的是，虽然信息化的教学评价有着与传统教学评价的种种不同之处，但在应用上并不是对立的。传统教学评价关注结果，评价的客观性强，而信息化教学评价关注过程和资源，评价时有助于发挥学生的主动性。两者各有优势，一个成熟的教学设计者应该注意在实际教学中，将两者结合起来应用，只有这样才能实现有效的评价。

三、信息化教学评价的原则

在信息化教学中，以下一些评价原则将有助于达到评价目的，进而实现整个教学目标。

（一）随时并频繁进行评价

既然信息化教学中的评价是一个进行中的、嵌入过程的，那么它也应该是随时并频繁进行的，目的是衡量学生的表现与教学目标之间的差距，进而及时改变教学策略，或者要求学生改变他们的学习方法及努力方向。事实上，评价是促进整个学习发展的主要工具。

（二）学生之间进行自评或互评

要发展自我评价能力，学生需要有机会制定和使用评价的标准，使他们在思考和反思中发展自身的技能。学生应该知道如何回答和解决诸如"需要解决的问题是什么？""我们怎样才能知道自己已经取得了进步？""我们如何才能得到提高？""我们怎样才能达到优秀？"之类的问题。因此，只要有可能就要尽量鼓励学生进行自评或互评，并使他们对评价的进程和质量承担责任。

（三）事先制定期望达到的目标

在信息化教学中，学习的任务往往是真实的，而学生又具有较大的自主权和控制权。为避免学生在学习过程中迷茫，在教学进行前，通过提供范例、制定量规、签订契约等方式使学生对自己要达到的目标有明确的认识将是非常有效的。这样，学生就会主动地使自己的工作与任务的预期要求看齐。

（四）基于学生的实际表现进行评价

在信息化教学中，教学的组织者要尽可能地从"真实的世界"中选择挑战和问题，并在评价时关注学生在实际任务中所表现出来的提问能力、寻求答案能力、理解能力、合作能力、创新能力、交流能力和评价能力。评价的重点放在如何使学生的这些能力得到发展和提高上，而不仅仅是判断学生的能力上。

四、信息化教学评价的方法

信息化的教学评价主要关注的是学习过程。虽然我们可以对传统的评价方法，包括测验、调查、观察等进行改造，使之在原有优势的基础上，尽可能满足信息化教学评价的要求，但这些是远远不够的。信息化教学评价需要发展一些新的评价方法（工具），这些评价方法（工具）包括量规、评估表、学习契约、范例展示、电子学档等。

（一）量规

量规是一种结构化的定量评价标准，往往从与评价目标相关的多个方面详细规定评级指标。它是对学生的作品、成果、成长记录或者表现进行评价或者等级评定的一套标准。同时是一个有效的教学工具，是连接教学与评价的一个重要桥梁，具有操作性好、准确性高的特点。其目的是分析学生学习结果，包括学习作品和学习过程。

（二）评估表

评估表是以问题或评价条目组织的表单，适当地设计可以帮助学习者通过回答预先设计好的问题来产生某种感悟，有效地启发学生的反思，从而增强他们的自主学习能力，达到提高绩效的目的。在学习者按照评估表的要求逐一回答问题的过程中，会领悟到应该从哪些方面去评价网上的教育资源。事实上，评价的结果已经不重要，重要的是学习者从中掌握了评价网上教育资源的技能。

（三）学习契约

学习契约也称为学习合同，是学习者与帮促者（专家、教师或学友）之间的书面协议或者保证书。这种评价方法来源于真正意义上的契约或合同。例如，当建筑设计师承担一项设计时，委托人通常就这项设计的具体要求及交付日期进行详细的说明，并与设计师签订合约。待设计完成后，评价设计是否合格（设计师是否能拿到酬金）的主要依据将是这纸合约。由于学习契约允许学习者控制自己的学习进程，从而在最大程度上满足了学习者的个别化需要，又由于学生自己参与了保证书的签订，了解预期的工作任务，因而有助于学生在较长时间内根据契约的内容来评价自己的学习，保持积极的自律，反过来能激发学生的学习动机与学习热情。当然，学习契约也不一定总是给学生很大的自由度，教师完全可以根据需要制定相对客观的学习指标。

（四）范例展示

范例展示，就是在布置学习任务之前，向学生展示符合学习要求的学习成果范例，以便为学生提供清晰的学习目标。例如，在信息化教学中，常常要求学生通过制作某种电子文档来完成学习任务，如多媒体演示文稿或网站等，教师提供的范例既可以启发和拓展学生的思路，还可以在技术和主题上对学生的工作起到引导作用。

（五）电子学档

电子学档，又译为电子档案袋，是按一定目的收集的反映学生学习过程以及最终产品的一整套材料，这些材料以数字化的形式记录，便于组织与管理。这种电子学档在客观上有助于促进个人的成长，而学生也能在自我评价中逐渐变得积极起来。电子学档中包含各种形式的学习材料，如文章、图画、视频、音颁、计算机程序。例如，一个艺术家的电子学档包含使用一系列艺术媒体和技术创造的艺术作品、不断进步的作品、最初的草图和已完成的作品，还有报刊上刊登的教师、学生和同行的评论。电子学档使学生能在一段时间后检查自己的成长，从而有利于发现自己的不足、明确自己的优势。电子学档提供具体的参考资料，凭借这些资料，教师能辅导和支持学习者达到自己的目标。电子学档不但保存学生的学习踪迹，还收集学生的电子作品。

第八章 高职教师信息化教学方法

随着计算机网络和通信技术的发展，计算机辅助教育在全球许多国家和地区不仅在各级各类全日制学校中推广使用，还正在向社区教育、老年人教育、职业教育等终身教育方面迅速发展。与此同时，一些信息化教学方法在信息教学中也得到广泛应用。本章主要从多维立体教学法、MI–WebQuest教学法以及多维交互式项目驱动教学法三个方面进行研究。

第一节 多维立体教学法

为培养计算机审计专业的新型实用人才，在审计学（计算机审计）专业学生的"审计实务"课程教学中，基于学院实验室、事务所实训基地、职称培训基地建立三位一体的学校—社会—学校的培养模式，运用理论—准则库、实务—案例库、技术—软件库、研究—项目库的多维立体教学方式，使学生带着问题学习，在运用中提高，实现高素质应用型人才的培养目标。本节以"多维立体教学法"在"审计实务"教学中的应用为例进行阐述。

一、多维立体教学法概述

（一）计算机审计专业学生的培养目标

审计学（计算机审计）专业旨在培养具有较强的审计理论、熟悉相关的法律法规、具备较高计算机水平、熟悉国内外审计惯例及标准、具有较强的创新意识和继续发展潜力的应用型高级人才，能够胜任企事业单位、政府审计机关和社会中介组织的会计、审计及信息化工作。

目前，该专业的学生主要就职于审计署及各地市审计系统、会计师事务所、审计软件开发公司、企业及事业单位内审部门、财务部门等。从就业渠道来看，主要分为三大类：审计类、会计类、软件开发类。从事审计工作的学生，由于具有信息系统审计和数据分析、清理、转换、验证、分析的能力，大多在工作初期就能很快适应工作环境，并逐步成长为业务骨干；从事会计类的学生，也具备财务软件和办公软件的熟练应用能力，并在财务部门信息化进程中起到核心骨干作用；从事软件开发的学生，更由于专业课程体系中对会计、审计类课程与计算机类课程的设置而受益匪浅。

教育的真谛不是传授知识，而是培育智力活动的习惯、独立思考的能力等。反思我们在"审计实务"中的教学方法，还有以下不足值得深思。

1. 传统的课堂教学法无法唤起学生对真知的渴望

在以往"审计实务"课程讲授中，多采用案例教学加理论教学的方法，使学生理解并掌握理论部分的学习。但由于"审计实务"课程多开在第5学期，学生对审计业务、真实企业生产运作流程、业务流程、审计过程的认识不够深刻，学习此课程在理论理解上有难度，难以调动学生的学习兴趣。并且，学生对审计需求也不清楚，不明白如何学习、学习什么才会在实务过程中起到更大的作用，学习目的性不明确。

2. 学生动手能力不强

在学习"审计实务"之前，学生通过审计学原理的学习掌握了一部分审计理论知识，但动手能力较差，尤其是对审计文档的操作能力需要提高。同样，学生也存在学习的茫然性，需要教师进一步引导。

3. 教学内容设计上有所欠缺

教学过程设计中，经常采用教师提问、学生互动、案例教学等方法进行，对大纲要求的审计实务内容进行详略得当的教学。但有时这些内容的设计缺乏对整个专业人才培养要求的考虑，单纯从课程教学上体现理论部分对学生的要求。

4. 信息系统审计结合程度不高

由于在学习"审计实务"课程之前尚未学习"计算机审计"课程，学生对审计软件的认识不够，对计算机审计业务需求了解不足。根据美国信息系统审计协会在计算机方面的研究成果及信息系统审计实践，信息系统审计常常包括审计理论、标准、指南、系统开发审计、信息技术、服务审计、网络环境审计、业务连续性计划审计等。目前，在对该专业学生培养时，"审计实务"课程内的教学及案例设计应增加信息系统审计部分，在实践环节也应根据课时要求，设置少部分的信息系统审计练习。

（二）"审计实务"课程三位一体培养模式

为满足对上述人才的培养需求，"审计实务"课程在教学过程中，若能考虑学校—社会—学校三位一体的培养模式，可能会在教学过程中起到事半功倍的效果。

首先，基于课堂教学及学院建立的信息系统实验基地的实验平台，培养学生对审计理论、准则、指南、标准以及审计流程、审计方法等理论知识的掌握；同时结合实验基地，培养学生对各种应用型软件的操作技能、对网络环境的审计技巧、对信息系统安全在物理、逻辑两方面的审计能力等。在理论学习的重点章节结束后，以模拟案例库为背景，分段、分小组、分角色，以对抗双方或多方的形式完成某项审计业务，通过分析实战双方（或多方）的被动合作、对抗、竞争、主动配合等心理态度，掌握整个审计业务的重要风险，最终完成一项完整的审计业务，使学生对单位的财务系统、业务流程和审计程序有一个直观的认识。

其次，在事务所实训基地进一步进行职场训练。在审计实务课程结束后的实训环节，可以考虑将学生派入学校在事务所建立的实训基地，进行真实业务的训练。实训基地对学生进行职场真实业务的能力锻炼可以使学生在业务过程中不断发现新的问题，认识自己的不足，从而形成一种学习的动力和积极性，鞭策学生不断给自己提出新的要求，从而促使学生自我认知、自我学习能力的提高。

最后，在职称培训基地获得进一步的实训提高。基于社会职称培训基地的需求，利用学校各种社会培训资源，系统建立职称需求对学生的在校培养过程，使学生将未来职称培养需求提前到大学阶段完成，一方面使其具备中级职能的水平，另一方面使学生进一步看到自己的不足，在以后工作中按图索骥，从而完成对学生三位一体的综合培养。

二、多维立体教学法的具体实施

基于上述三位一体的训练过程，学生经过认知、解惑和提高的锻炼，可以获得相应的知识技能。但是"审计实务"课程教学中，也要注意教学法的应用。为使课程与整体教学目标匹配，建立多维立体教学方式。

（一）以标准库为基础，强化理论教学

将国内及国际现行审计准则、审计指南以及相应的计算机审计、信息系统审计标准统一整理成完整的标准库，如 COSO、COBIT、ITIL、ISO、GB/T 等。审计理论教学紧密围绕审计准则、标准的内容，将理论教学与现行要求结合，避免教学脱离实际。

（二）以案例为辅助，丰富实务教学

理论教学必须结合案例才能生动展现理论提出的动机、理论设计的目的、

手段、方法等。案例教学是理论教学的必要补充和有益扩展。但在实务教学过程中，有必要拓展学生的权限范围，使学生与教师充分互动，在案例库中不仅要充实讲解分析型案例，也要拓展角色扮演型案例，使学生通过角色转换深刻掌握理论教学的内容，并在实际模拟中不断反思，提出自己的疑惑，从而提高学习的主动性。

（三）以软硬件库为工具，拓展理论方法

"审计实务"中有许多方法、技巧，如审计抽样，当面临海量数据时，如何快速分析总体、找出疑点是现代计算机审计人员面临的核心问题。另外，当审计人员不能确定会计信息系统与业务信息系统提供数据的真实性时，也有必要对被审计单位的信息系统、网络环境、结构等进行分析，这些都对现代审计人员提出了更高的技术要求。因此，在"审计实务"教学设计中，选取个别案例，使学生运用现有实验基地的软硬件平台，快速提高学生对这部分技能的需求理解和认识是非常有必要的。

（四）以项目库为前沿，激发兴趣爱好

学习的最大动力是入迷和爱好，当学生从学习中获得乐趣时，会极大地激发学生的学习热情。教师可以自己的研究项目为基础，或自选模拟课题，让同学根据自己的兴趣爱好选择参与其中，指导学生课余时间选读一些国内外的经典学术著作，提高学生在理论方面的水平和对专业认知的更深层次理解。同时，可以鼓励并指导学生组队参加各种专业竞赛，不仅是对教师的激励，更是对学生的高层次培养。

第二节 MI-WebQuest 教学法

本节主要以 MI-WebQuest 教学法在财务管理课程教学中的应用为例进行阐述。在财务管理课程教学中引入 MI-WebQuest 教学法，打破传统的教学方式，采用翻转课堂模式，引导学生利用丰富的网络教学资源进行自主探究学习，将封闭式的课堂教学转变为开放式的学习，可以激发学生的学习兴趣，提高学习自主性，锻炼学生的思维能力和创新能力，对于提升教学质量具有显著作用。

一、MI-WebQuest 教学法概述

（一）MI-WebQuest 教学法

WebQuest 教学法是 1995 年美国圣地亚哥州立大学教育技术学院教授伯尼·道格和汤姆·马奇开发的一种利用网络资源开展的、教师指导下的主题

探究式教学方法，该方法通过获取并分析、评价、运用信息创造性地解决问题来发展学生的高级思维能力。当前教育界正面临着全球信息化教育革命，出现了 MOOC、微课、翻转课堂等新的教学形式，还有笔记本电脑、智能手机、IPad 等数字化的学习工具，世界大学城空间、微信、微博、QQ 群等学习平台。在教学组织与管理全面信息化的大环境下，WebQuest 可以有新的发展，可以借助更丰富的学习资源，更多样的学习工具和学习平台，实现多维度交互式的自主探究性学习，这就是 MI-WebQuest（Multidimensional Interaction Web Quest 的简写）教学法。

（二）MI-WebQuest 教学法的实施背景

当前高职院校的学生大多数文化基础不好，学习没有积极性，缺乏学习兴趣，学习自主性差。在这种背景下，采用传统的教学方式授课，上课就成为"痛苦"的代名词，逃课现象时有发生，课堂往往出现让教师普遍头疼的现象：学生被逼坐在教室，睡觉、玩手机、讲话，课后作业集体抄袭，考试60 分万岁。这种学习状态不仅让教师苦恼，也让学生痛苦，师生的积极性都受到打击。高职院校人才培养质量的要求，迫切需要一种有效的方法来改变这种不良局面，而提高教学质量的关键是提高学生的学习兴趣。

世界大学城是我国信息化教学改革的产物，拥有丰富的教学资源，并在各类院校普遍应用，受到学生的喜爱。在这个庞大的空间中，学生可以找到自己感兴趣的东西，还可以创建学习群组，就某些感兴趣的东西或是疑问进行交流探讨。为了调动学习兴趣，应尝试引入新的教学理念，利用世界大学城空间以及学生常用的 QQ、微信、微博等平台，采用翻转课堂教学模式，将财务管理课程内容分解为若干项具体的学习任务，引导学生利用世界大学城空间的丰富资源自主探究学习并完成任务。

这样，学生不再是"被动学习"，而是"主动学习"，教学就变得更轻松、更有效，学生在完成任务的过程中锻炼了实践能力和创新能力。

二、MI-WebQuest 教学法的具体实施

财务管理课程是高职会计专业、财务管理专业的核心课程，教学关键在于培养学生分析问题与解决问题的能力。而 MI-WebQuest 教学法注重实践性、探究性和创新性，非常适合高职财务管理课程教学改革的需要。通过对会计专业财务管理课程的教学试点应用，来自学校、学生、教师等多方面反馈的信息说明，MI-WebQuest 教学法对于提高学生的学习兴趣、提升教学效率与效果具有显著作用。

　　MI-WebQuest 教学法适用范围广，只要学校具备上网条件、教师具有较高的信息技术素养、学生懂得计算机操作，即可实施。在教学实践应用时，应重点抓好以下几个环节。

（一）创设情境，提出问题

　　在导入环节，应围绕主题创设一种能使学生处于良好的、积极的心理状态的学习情境，巧妙地引出问题，以激发学生的探究兴趣。例如，学习风险价值，可以播放一段电视有奖游戏的视频，让学生感到轻松有趣，又能体会到风险与收益的关系，对风险价值的学习充满期待，因而会努力去探究学习，从而取得理想的学习效果。教学实践证明，一段令人鼓舞的开场动员，一场激动人心的擂台挑战赛，一次身临其境的角色扮演，一个妙趣横生的幽默故事或是紧张刺激的冒险游戏，都能激起学生探索学习的热情，达到令人意想不到的教学效果。

（二）布置任务，明确要求

　　学生的探索欲望被激发后，教师随即提出需要完成的具体任务。例如，作为个体投资者，你面临的风险有哪些？作为公司，面临着什么样的风险？如何衡量这些风险？风险与收益之间存在什么样的关系？冒着风险进行投资应该取得多大的报酬，等等。教师给学生设定的任务必须是可行的，最好能联系日常学习和生活，明确告诉学生完成任务的具体要求，并提供与主题相关的网站信息；也可以在探究学习前提供一个成功的参考案例，或者是告知具体的考核评价标准，让学生明白自己要做些什么，要达到什么样的效果，从而更有效地完成任务。

（三）团队协作，展开任务

　　团队协作学习比单个作战更有优势。团队成员团结协作，取长补短，集思广益，能更快、更好地完成任务，并锻炼团队协作能力。一般将学生按 4～6 人进行分组，选出组织能力强的同学担任组长。在任务实施之前，教师应引导学生围绕需要完成的任务展开思考：该任务的要点是什么？完成任务必须具备什么知识和技能？从哪些途径可获取这些知识和技能？遇到困难怎么办？引导学生找到正确的思路，寻求解决问题的方法，鼓励学生采用不同的方法获取知识与技能。在这个环节，学生分工协作，充分利用网络资源，自主收集信息，并分析、综合、提炼有用信息，以寻求问题的答案，教师要留给学生足够的时间和空间，以满足学生探索的需要。

（四）交流探讨，解决难题

学生在实施任务的过程中会遇到各种问题，诸如为了解决问题搜索哪个网站？查找哪些资源？结果有什么不同？哪一种方法更快些？哪一种方法准确些？学生通常先在团队内部进行交流，交流的平台可以是世界大学城空间的教研苑，也可以是 QQ、微信、微博等。每个团队自己选择合适的平台，将自己所了解的信息用语言或文字表达出来，既锻炼了表达能力，又能促进学生之间的相互学习，同时在交流中能化解某些困惑或疑问，从而形成对某问题的统一认识。对于一些疑难问题，也可以通过 QQ、微信、世界大学城空间等平台向教师咨询，寻求帮助。

（五）成果汇报，做出总结

各学习团队经过学习、探索、交流并达成共识后，由各队选派代表汇报任务完成情况，最好制作 PPT 进行成果展示，以提高学生的成就感。由于各个团队拟开办的公司不同，要完成的任务也就各不相同，因而会有各种不同的答案。针对各团队提出的方案，教师可以提出适当的建议，组织学生讨论，比较各个团队的异同点，引导他们发现问题，总结规律。教师不再在课堂上讲授基本概念和基本方法，学生作为学习主体，为完成任务在教师的引导下利用丰富的网络资源完成知识的建构，利用信息解决实际问题，思维能力和实践能力都得到了最好的开发。每个团队都通过自己的努力取得了各自满意的成果，通过成果展示与交流互相学习，大家会有更多认识，这也是一次再学习、再提高的过程。

（六）学习评价

学习评价的内容主要包括自主学习能力、合作学习能力、完成任务能力以及反思学习能力四个方面。学生登录世界大学城空间浏览教学资源库会留下学习记录，主动请教问题的次数和浏览问题、解决问题的次数，能反映学生对于知识理解的程度，教研活动参与情况能体现学生对任务的参与度，任务完成后展示学习成果、在线自测考试以及学习总结等，这些都可作为学习评价的依据。评价方法应视学生的具体情况而定，不应当使学生感到更多压力，要让学生乐意实施，又能客观准确地反映学习效果。在组织形式上，通常采用学生自评、团队互评、教师评价、企业专家评价相结合的多元化评价体系，对学习过程、学习成果、学习总结进行客观全面的评价，以促使学生提高学习全过程的参与度，更好地实现教学目标。

在高职财务管理课程教学中，采用 MI-WebQuest 教学法，颠覆传统的课堂授课模式，转变教师角色，形成民主平等的学习共同体。通过创设情境激发学生自己提出问题的兴趣，设计以探究为取向的学习活动，鼓励学生主动学习，积极参与探索，从而锻炼其实践能力、探究能力和创新能力。

在丰富的网络资源中，针对需要解决的问题，学生可以充分发挥想象力，提出各种解决方案，而不必受课本或课堂的约束。教师在设计课程时，可以采用与课本完全不同的资料，使学生通过新的方法建构知识，达到与课堂教学相同的目标，并获得更好的教学效果。

在数字化资源的学习环境下，教师不再是知识的传播者，而是研究探讨的组织者和学生研究的助理；信息的来源不只是教科书，还包括多种渠道和多媒体；学习空间不再拘泥于课堂，可以是网络可到达的任何地方；学生有更为广阔的自主学习的空间和时间，各种事实和结论需要学生去发现和挖掘，而不是由教师事先准备；学生可以通过各种方式广泛获取信息，主动探索未知空间，丰富自己的知识，拓宽视野，并学会全面深入地看待问题，掌握分析问题、解决问题的能力以及创新能力，从而有效提升自身水平。

第三节　多维交互式项目驱动教学法

随着计算机的普及，计算机已经渗透到各行各业，高职各专业都开设《计算机应用基础》课程，授课内容为计算机的基本操作技能和简单的办公软件的使用方法，开设的时间一般在第一学年。本节主要以多维交互式项目驱动教学法在《计算机应用基础》中的应用为例进行阐述。

一、多维交互式项目驱动教学法概述

多维交互式项目驱动教学法是从社会经济发展和市场需求出发，注意各教学环节的相互配合、支撑和渗透，强化学生实践能力及创新精神的培养，旨在从理论教学和实践教学两个方面培养人文素养高、解决问题能力强的应用型人才。

（一）课堂讲授＋双边互动＋多媒体辅助

教师必须转换自己的角色，同时需引导学生进行角色转换。教师应从课堂的主导者转换成课堂的策划者、组织者、监督者、指挥者和评价者。学生也需要在教师的引导下实现角色的转变，不再是课堂的被动者，需转换成教学的劳动者、求索者和设计者。讨论法、案例驱动法、任务驱动法等教学方法的综合运用，有助于促进师生间的积极交流和学生间的竞争合作，提高学生学习的兴趣和热情。

（二）合作学习＋网络学习＋自主学习

随着网络的发展，基于网络学习环境的交互式活动突破了时间和空间的限制，我们以世界大学城为依托，将学习项目、任务、视频等学习资料全部上传到世界大学城，所有人可以零成本共享，学生可以自由安排训练时间和地点，更易获得足够的训练。对于自己的薄弱环节可以反复学习，并可通过网络进行学习和讨论，符合突出学生主体地位的以"自主、探究、合作"为特征的新型教与学方法的要求。

（三）项目驱动＋服务专业＋第二课堂

计算机应用基础教学主动向学生的专业靠拢，与就业接轨，体现教学的特色性和实用性。教学中实现了因材施教、因需施教。对于不同的专业，我们在教学过程中有不同的侧重点，如应用化工专业加强了化学方程式的录入，会计专业加强了函数的使用，计算机专业加强了论文的排版训练……在学习完表格知识后，让同学们设计一份简历，为同学们两年后找工作打基础。通过开展第二课堂、开设选修课、举办特色讲座等方式，帮助学生开展实用性知识的学习和实践。

二、多维交互式项目驱动教学法的具体实施

（一）项目设计

项目设计是多维交互式项目教学设计的核心，要参照课程要求和学生基础进行项目设计，要选择有代表性、有应用价值的真实项目，将教学内容与实践活动结合在一起，项目完成后要有明确而具体的成果展示，要具有一定的难度，不仅是已有知识和技能的应用，还要求学生在应用中探索未知的知识，在一定范围内解决遇到的实际问题。

（二）《计算机应用基础》课程教学案例

案例：对毕业论文进行排版。

1.项目概述

毕业论文，是高等院校学生在掌握基本理论、基本知识和基本技能的基础上，运用本专业知识和技能所进行的全面综合训练，是实现培养目标的重要教学环节，是培养大学生的创新能力、实践能力和创业精神的重要实践环节。通过毕业论文，可以深化和检验教学过程的各个教学环节。大三学生在顶岗实习之前需要完成毕业论文。

2. 教学内容

学生能自动生成目录，能熟练插入指定公式，能按要求设置分页、页眉页脚、插入脚注和尾注。

3. 预备知识

学习本项目之前，学生已掌握了 Word 文档的创建、文本的编辑、Word 文档的打开与保存等基本操作，学会了文档格式化与排版的方法。

4. 教学目标

（1）知识目标

掌握样式的使用方法，掌握插入公式的方法，掌握插入图片、文本框等的方法。

（2）技能目标

能够使用各种排版技术实现图文混排，能够设置分页、页眉页脚格式，能够自动生成目录。

（3）态度目标

培养学生良好的人际沟通能力和团队协作精神，培养学生严谨的工作作风。

5. 教学重点和难点

（1）重点

目录的生成；图文混排；页眉页脚；公式的插入。

（2）难点

样式；图文混排。

6. 教学过程

（1）复习提问

首先展示两份文档：一份是由往届学生撰写的论文，并处理成纯文字形式；另一份是已排版的论文。通过比较两份文档的不同显示效果，引出本节课的课题。

（2）演示操作

总体方案：教师示范。教师在示范的过程中讲解各个知识点，并逐步完成排版，使学生明确步骤。

第一步：教师演示第一份纯文字的论文，让学生思考这两份论文在排版上有什么不一样，学生分组展开讨论。

第二步：教师对各组同学的回答进行总结来引入知识点，并进行相应步骤演示。

第三步：完成文档的总体排版，并对重点进行强调。

（3）项目引入

根据教师的演示，同学们动手在 Word 中对论文进行排版。在操作过程中如果遇到问题，可以求助同学、教师或网络。

（4）注意事项

排版要求按照湖南化工职业技术学院《学生毕业设计（论文）撰写规范》进行。

（5）作品评价标准

文档是否插入图片、艺术字、图形等对象；图片格式的设置、图文环绕方式；页眉页脚操作等各知识点是否运用得当；是否自动生成了目录；图片和文字内容是否协调。

（6）作品制作

同学们根据项目要求和评价标准进行排版。教师在一体化教室里来回巡视指导，必要时给予适当答疑。这一阶段教师除了给学生指导外，还要管理课堂、适时插入讲解和评价。

（7）总结评价

通过世界大学城提交项目，教师在线批改并反馈意见，如果做得不理想可以重复提交作业，直到所有同学都能较好地完成项目。

参考文献

[1] 南国农 . 信息化教育概论 [M]. 北京：高等教育出版社，2004.

[2] 李克东 . 新编现代教育技术基础 [M]. 上海：华东师范大学出版社，2002.

[3] 李洪波 . 现代教育技术 [M]. 桂林：广西师范大学出版社，2002.

[4] 和汇，等 . 信息化教育技术 [M]. 北京：科学出版社，2008.

[5] 林铭 . 现代教育技术——理论与实践 [M]. 北京：电子工业出版社，2008.

[6] 胡来林 . 现代教育技术——面向信息化的教师专业发展 [M]. 北京：电子工业出版社，2007.

[7] 刘光然，詹青龙 . 现代教育技术 [M]. 北京：人民邮电出版社，2010.

[8] 潘巧明 . 现代教育技术基础 [M]. 北京：科学出版社，2010.

[9] 任剑锋，马池珠，刘菁 . 现代教育技术基础教程 [M]. 北京：首都师范大学出版社，2010.

[10] 何文茜，高振环 . 现代教育技术 [M]. 北京：北京大学出版社，2009.

[11] 钟志贤 . 信息化教学模式——理论建构与实践例说 [M]. 北京：教育科学出版社，2005.

[12] 项明华 . 高职教育中教育信息化的思考 [J]. 安徽电子信息职业技术学院学报，2004（5）.

[13] 刘贵富 . 大学信息化教学模式研究 [J]. 电化教育研究，2006（10）.

[14] 徐健 . 职业教育信息化深度发展与趋势分析 [J]. 职业教育研究，2011（1）.

[15] 曾玉章，唐高华 . 职业教育项目教学的理论依据与实践价值 [J]. 教育与职业，2010（2）.

[16] 刘昕 . 职业教育信息化的分析 [J]. 科技咨询，2008（28）.

[17] 范如涌,项晓乐.职业教育信息化的概念、内涵及其发展模式分析 [J].教育研究,2003(9).

[18] 刘志刚.中国职业教育信息化现状与对策研究 [J].中国校外教育,2011(20).

[19] 宗晓倩,汤慧芹.高职教师信息化教学能力提升的探索 [J].科技资讯,2015(28).

[20] 何克抗.现代教育技术和优质网络课程的设计与开发 [J].中国电化教育,2004(6).

[21] 曹艳爱.基于WebQuest研究性学习模式的研究综述 [J].科技信息(科学教研),2007(28).

[22] 魏国生.基于网络的合作学习的教学设计及案例研究 [J].电化教育研究,2004(8).

[23] 李玉斌,于晶双,张海燕,等.信息技术环境下认知学徒制教学应用研究 [J].电化教育研究,2010(4).

[24] 张莉,高英.多维立体教学法在"审计实务"教学中的应用 [J].中国电力教育,2009(17).

[25] 朱再英.MI-WebQuest教学法在高职财务管理课程教学中的应用 [J].职业教育,2014(12).

[26] 黄银秀,肖昆明,肖英.多维交互式项目驱动教学法在高职《计算机应用基础》中的应用 [J].信息与电脑(理论版),2015(1).

[27] 徐英萍.信息化教学环境下的情境教学研究 [D].兰州:西北师范大学,2010.

[28] 孔艳.信息化教学模式的整合与重构 [D].曲阜:曲阜师范大学,2006.

[29] 朱玉梅.网络环境下教学模式的研究 [D].济南:山东师范大学,2003.